ザ・モデル

福田康隆 Yasutaka Fukuda

THE MODEL

マーケティング・インサイドセールス・
営業・カスタマーサクセスの
共業プロセス

SE SHOEISHA MarkeZine BOOKS

序文

序文

アレン・マイナー

データベース、SFA、CRMといったソフトウェアは、現代のビジネスに欠かせない存在となっている。その多くは1970年代に生まれ、進化と成長を続けている。それらの企業を創業した、ラリー・エリソン、トム・シーベル、マーク・ベニオフといった経営者たち。私は彼らと共に働き、彼らが重要な局面をどのようにコントロールし、事業を拡大してきたかを間近で見てきた。そして、私自身も投資家として、セールスフォース・ドットコム、コンカー、マルケト、デマンドウェアの日本法人の立ち上げを支援してきた。

ここでは、私が出会った人々と、そのビジネスについて語りたいと思う。

■日本とのつながり

高校生の頃からコンピュータプログラミングに興味があった私は、コンピュータサイエンスを学ぶためにブリガムヤング大学に進んだ。ダブルメジャーで東洋文化も専攻し、2年間、教会のボランティア活動のために北海道で宣教師として活動した。

25歳の時、オラクルがはじめて新卒採用をすることになったのを知り、面接を受けることにした。当時のオラクルの社員数は400名程度、売上も25億円ほど。正直なところデータベースよりも、AIやコンピュータグラフィックスの最前線に興味があった私は、スティーブ・ジョブズが作ったばかりのネクストに入れたら面白いなと思っていた。

面接担当者は私のレジュメを見ると、いきなり「あなたは日本語を話せますか」とたずねてきた。オラクルは1985年に日本に拠点を設けていたが、当時の日本にはオラクルの代理店が2社あり、製品の日本語版がなくて困っていた。さらに日本語の仕様をどうするかで互いに争っていて、収拾がつかなくなっていたのだ。オラクルは、日本語版を作ることができるエンジニアを求めていた。

日本語とプログラミング、この2つがつながる仕事が存在することを知った私は、オラクルに入ろうと決めた。砂漠のあるユタ州で育った私には、サンフランシスコという大都市とベイエリアの気候も魅力だった。

ある時、入社してから米国本社で日本語版の開発をしていた私に電話がかかってきた。ソフトウェア販売代理店アシストを日本で立ち上げた、ビル・トッテンからだった。彼はアシストでもリレーショナルデータベースを扱いたいと考えており、オラクルだけでなく競合のイングレスも候補にしていると私に告げた。アシストがイングレスを扱うことになれば、オラクルに勝ち目はない。トッテンにオラクル製品もぜひ検討してほしいと伝えると、両社には2人のエンジニアが送り込まれた。彼らが出した結論は、イングレスのほうが技術的には優れているが、会社としてはオラクルのほうがよさそうだ。営業力があるし、対応もいい。ビジネスとしてはオラクルを勧めるというものだった。トッテンは、オラクルを選択した。

アシストがオラクルの代理店となるにあたって、元の代理店2社を切ることになった。当然のことながら交渉は難航した。状況を打開するため、アシストを代理店ではなく子会社と同じように扱うこと。私がアシストのオフィスに1、2年駐在し、オラクルから得られる情報はすべて2社の代理店にも渡して、全面的にサポートするということで休戦状態に入った。

結局、2つの代理店にはそれぞれ異なるやり方で手を引いてもらうことになり、アシストが日本における総代理店となった。そして、アシストが株式会社オラクルを1987年に設立。私が初代代表となり、アシストから来た3名の社員と共に事業を開始した。オラクル入社の翌年のことだった。

■「犬を雇うんですよ」と佐野さんは言った

3年後の1990年、社員が数十名になった頃、私は日本オラクルの社長にふさわしい人を探し始めた。50回以上面接を行い、ようやく当時、IBMにいた佐野力と出会った。ヘッドハンターのオフィスで佐野さんとはじめて会った時から、日本オラクルの社長は「この人だ」と決めていた。ラリー・エリソン会長が佐野さんに会って意気投合し、私は無事に日本オラクルを日本人経営者の手にバトンタッチすることができた。

佐野さんがはじめて米国本社の上司であるジェフ・スクワイヤーとの面談に臨む1週間前、私と営業部長が同席して、予算案の擦り合わせをした。「special expenses 30万」という項目があったので「この特別費というのは何?」と聞くと、彼は「犬を社員にするんだ」と言う。私と営業本部長は何か理由があるのだろうと思い、「本当は何?」と繰り返したずねたが、「いや、犬を社員にするんです」と答えるだけだった。

ミーティングではやはり、スクワイヤーがその項目について質問してきた。佐野さんはストレートに「We are going to hire dog」と答えた。すると、スクワイヤーは「なぜ?」ではなく、「That's very interesting !」と返して次の話題に移った。この何気ないやりとりに、私は国際ビジネスにおける経営哲学を感じた。

トップラインをどうするかや直販と間接販売のバランスといった重要なテーマについてはしっかり議論をするが、月々30万円の特別費は「面白い」の一言で終わらせる彼のハンドリングは、オラクルがその国のリーダーを採用したら、本当にやり方を任せてくれる社風だということを表していた。

「犬を雇う」というアイデアは、現在に至るまで日本オラクルに引き継がれている。同社を訪れた人は、運がよければふわふわの毛並みがチャーミングな大型犬に出会うだろう。もちろん、佐野さんがオラクルにもたらしたものはこれ以外にも数多くある。パートナーとWin-Winの関係を築いたこと、パシフィコ横浜で日本初開催の「オラクル オープンワールド」を成功させたこと、特にすばらしかったのは、ブランドマーケティングの手腕だ。会社を大きく見せて、顧客に関心と安心感を持ってもらう佐野さんのブランドマーケティングが功を奏してイベントは成功し、初回にもかかわらず7万名を超える参加者を集めた。この手法は、後にセールスフォース・ドットコムへも影響を与えることになった。

■天才、マーク・ベニオフ

佐野社長が着任した後、私は米国本社に戻り、バイスプレジデントに就任した。1999年に日本オラクルが株式公開し、かなり大きな資産を手にすることになった私は、日本でベンチャー育成を支援する会社を設立することにした。佐野さんに相談すると、社名を「サンブリッジ」にしてはどうかという。太陽にかける橋という意味だ。私は米国と日本の架け橋になって、新しいビジネスを生み出すための事業を開始した。その同じ年、米国ではマーク・ベニオフがセールスフォース・ドットコムを創業した。

実は私がオラクルに入社した日、新入社員のミーティングで彼は私の隣の席に座っていた。オラクルでの最初の日に、最初に挨拶した相手がベニオフだった。彼は南カリフォルニア大学在学中にアップルでインターンとして働いていたこともあったが、卒業後はオラクルに入社した。上司はトム・シーベル。オラクルのトップセールスであり、後にCRMソフトウェアを提供するシーベル・システムズを立ち上げた人物がベニオフの最初の、直接の上司だった。

シーベルは一言で言うと「コントロールフリーク」、それも天才的なコントロールフリークだった。「絶対にこの通りにやりなさい」という人物で、きっちりプロセスを構築して、すべてに深く関わり、膨大な情報を詳細に把握していた。彼のもとでベニオフは、電話を使ったマーケティング、案件発掘からリードの評価、そしてクロージングして売るという一連のプロセスを学んだ。

ロサンゼルスでフィールドセールスをやりたいと主張したベニオフに、まずは電話で売れるかを見せてごらん。それができたらロサンゼルスに行かせてもいいとシーベルは言った。ベニオフは売りまくった。もちろん電話で売れるのは、低価格帯の製品だが、一度も顧客と会わずに電話で売るテレセールスを体得した彼は、新人営業にもかかわらず、トップの成績を残した。ベニオフは見事、ロサンゼルスに転勤することができた。

■時代はクラウドへ

90年代半ばからオラクルのエリソン会長は、これからのコンピュータはすべてサーバーにソフトウェアがあり、ユーザー側にはそれを利用するシンクライアントだけがある状態になると予言していた。その構想を実現するマーケティング責任者がベニオフだった。ベニオフは飽くことなく、ユニークな製品を次々と生み出していった。彼の優れた点は、お客さんが何を求めているかを感じ取れるところ。新しいものが好きで、すぐに次のものを作りたくなる彼は天性のクリエイターと言っていい。そして、人なつこい笑顔とおおらかな性格は多くの人を魅了した。

ある時、本社でベニオフのオフィスの前を通ると、「アレン、見せたいものがある」と呼び止められた。いま作っているのはオブジェクト指向の開発ツールで、分散環境で動作するかっこいいソフトが作れるようになると言う。デモを見た私が、「じゃ、もう1つ面白いことをやらないか。オラクルではじめて、バージョン1から日本語対応のソフトを作るんだ」と持ちかけると、ベニオフは「いいね、やろう」と即断した。
開発をスタートし、米国と日本で開催される「オラクル オープンワールド」でお披露目することになったが、米国ではロサンゼルス地震があり、発表はカットされた。日本でも神戸が震災に見舞われ、パシフィコ横浜の会場では黙祷を捧げてからイベントを開始することになった。日本のベンダーにハードウェアを作ってもらうための新構想発表の責任者だった私はもちろん、世界で最も自分の製品を喜んでくれる日本のイベントで、ベニオフはできることを最大限にやり遂げようとしていた。

そしてこれが2人で取り組んだ、オラクルでの最後の仕事となった。企業がハードウェアやソフトウェアを保有するオンプレミスの古いモデルから、ネットワークコンピューティング、クラウドへと時代は動きつつあった。

ベニオフはこれから業界がクラウドモデルに移行すると確信してオラクルを去り、1999年にセールスフォース・ドットコムを立ち上げた。当時、クラウドベースのサービスを提供していたのは、ネットスイートとセールスフォース・ドットコムの2社だけ。ネットスイートの社長は開発者だった。開発者がトップの会社とマーケティングの天才がトップの会社で、勝つのは後者だというのは、私がオラクルで学んだことだった。
オラクルはマーケティングと営業のプロセス、そして「絶対に勝つ」という意識が非常に強かった。だから、ベニオフが起業する時、私は彼に賭けようと思った。2000年、サンブリッジは米国本社との共同出資で、株式会社セールスフォース・ドットコムを設立した。

経営者になってからのベニオフは、それまでとはまったく違う人間と言っていい。マネジメントチームとのミーティングに同席すると、彼の立ち居振る舞いや取り組み方が以前とは違うことがはっきりと感じられた。プレゼンテーションはさらに巧みになり、対談をすればテレビ番組のホストができるくらい面白い会話を展開する。親しみを感じさせる笑顔は変わらないが、会社を立ち上げてビジネスを成長させながら、彼自身も本当に能力の高い有能な経営者になっていった。

■アメリカからやって来た青年

しかし、そんなベニオフにも悩みがあった。日本でのビジネスが彼の考えているようには進まなかったからだ。困ったベニオフは私と佐野さんに相談してきた。佐野さんが出したアイデアは、米国のやり方を誰か若い人に習得させて日本で実行してもらうことだった。当時オラクル会長だった佐野さんは、「新卒で入った福田というピカイチの人間がロサンゼルスにいる。彼を教育すればやってくれると思う」と提案した。

私がはじめて福田康隆と会ったのは、日本オラクルが5期目に入って、社員が数百人規模になった頃だった。実は彼と最初に会った時のことを私はおぼえていない。日本ではほとんど接点がなかったのと、人の名前をおぼえるのが苦手な私は、よく妻に「アイデアに興味はあるけど、人には興味がないのね」と言われていた。一方、佐野さんは私と違って、社員一人ひとりを非常によく知っている。その佐野さんが推薦するのだからすごい人間かもしれない。それが私が彼を認識した最初だった。

佐野さんからの提案に従って、彼は日本オラクルを退職し、セールスフォース・ドットコムの米国本社に入った。そこでトレーニングを受け、一連のプロセスを体験し、その有効性を理解して自分のものにしていった。

ベニオフが抱えていた課題を解決するために、なぜ福田さんが選ばれたのか。それは彼が話しているのを聞けばわかるだろう。数字をもとに非常にロジカルに議論を進める。彼の言う通りにやれば、その結果がどうなったかも検証しやすい。このスタイルはベニオフをはじめとする米国の経営陣に受け入れられ、彼は信頼を得ていった。

必要なことをすべて習得した福田さんは、さっそく日本に帰国してその手法を実践することになった。しかし、多くの人にとって、彼をすんなり受け入れることは難しかっただろう。米国本社では評価されているのかもしれないが、日本で営業としての販売実績はない。本社からやって来た彼をどう遇すればいいのだろうかというとまどいが周囲にはあったと思う。

しかし、彼にはガッツがあった。ラリー・エリソンとトム・シーベルの営業の哲学。ノルマを絶対に達成するんだという気概を持っていた。私が日本オラクルを立ち上げた1年目、前年の売上が49万5００ドルだったので、上司は次年度のノルマを2倍の1００万ドルにした。年度が終わる時、私の売上は99万5000ドルだった。私の中では前年の売上を倍近くに伸ばしたのだからよしとしていたが、上司が私に告げたのは「おまえは営業失格だ」の一言だった。

福田さんは、営業の責任、数字を出し、約束を守るという、オラクルの文化をしっかり受け継いでいた。そして、米国のセールスフォース・ドットコムで学んだ手法をさらに進化させようとしていた。

■営業プロセスの改革

当時の業界は、電話でアプローチするテレセールスと訪問営業をするフィールドセールスは完全に分かれていた。テレセールスは大体、本社に置くか、ソルトレイクシティやフェニックスといった人件費を低く抑えられる街に置かれる。そして、そこから全米に電話で営業活動を行うのだ。アサインされているテリトリーがはっきり分かれていて、あるレベルに達しない顧客には電話で営業し、レベル以上の顧客は直接訪問すると決まっていた。顧客に会うたびに飛行機を使うことになる米国では、フィールドセールスはコストがかかりすぎる。電話でアプローチして、電話で売り切る。テレセールスは絶対に顧客に会いに行ってはならない。それが当時のスタイルだった。

しかし日本では、東京都内であれば電車に乗って数百円で客先に行ける。東京にいる顧客に電話をかけるだけで、会わずに買ってもらおうというのは失礼だ。日本法人がそう考えるのも仕方のないことだった。営業の中心は電話だとしても、どこかのタイミングで会いに行ったほうが顧客も納得しやすいし、電話で聞けない情報も得られる。

日本に戻った福田さんも、その点は同じ認識だった。彼はリードから商談に移行するコンバージョンレート、商談のサイズ、クローズまでの日数といった数字が重要であること、そのパフォーマンスが同じなら顧客への訪問も営業のプロセスに加えるべきだとデータを交えて説明した。ベニオフはその主張を受け入れ、プロセス変更を承認した。

この変更の影響は大きかった。テレセールスはフィールドセールスになるためのトレーニングにもなる職種だ。本社のフィールドセールスのポジションはそれほど多くはないから、テレセールスの担当者は早く結果を出してフィールドセールスに上がりたいと考えるが、実際にはそう簡単にはいかない。しかし、テレセールスをやりながら必要に応じて顧客を訪問することができれば、彼らの仕事に対する考え方も変わる。

福田さんがこのやり方を東京で実行しなかったら、セールスフォース・ドットコムは今でも、サンフランシスコとダブリンから全世界の顧客に電話だけで営業をやり続けていたと思う。そしてこの営業スタイルは次第に業界全体にも波及していった。

福田さんはその後、専務執行役員、シニアバイスプレジデントとして日本のビジネスを牽引した後、退職し、マルケト・ジャパンの社長に就任。経営者としての道を歩き始めた。マルケト・ジャパンの立ち上げの時、私は合弁会社を作って、日本でビジネスを展開していくための準備をしていた。そのメンバーには、IBM出身のトニー・ネメルカもいた。彼が福田さんに連絡をして、マルケトが日本法人を立ち上げるから社長にならないかと口説いたのだ。ネメルカが立てた初年度の予算は非常に高いものだった。私はこんなに売れるわけがないと言って予算を抑えようとしたが、福田さんはネメルカの予算よりもさらに高い金額を提示してきた。私が止めても、彼は自分の意見を変えなかった。

しかし、私が高すぎると思っていた目標を大きく上回る結果を出し、その後も四半期ごとの目標を達成しなかったことは一度もない。これを実現したのは私の投資歴の中で2人だけ、オラクル時代の経験を含めると3人しかいない。オラクルの佐野力、マクロミルの杉本哲哉、そしてマルケトの福田康隆。

ベニオフがオラクルから継承し、セールスフォース・ドットコムで磨いてきた科学的なマーケティング、パイプラインジェネレーション、デジタルマーケティングからセールスプロセスまですべてを管理する手法を完全に理解し、実行してきた人は福田さん以外にいない。

福田さんはこの本で、彼が継承し、実践してきたビジネス手法を整理し、その全体像を示してくれるだろう。そして、彼自身がどんなイノベーションをそこに加えようとしているのかも明らかになるはずだ。私自身もそれを楽しみにしている。

はじめに

■ビジネスにおいて重要なのは「再現性」

「既に動いているものを上手に動かす仕事と、一から何かを作り上げる仕事は天と地ほど違います。そして一から何かを作り上げる過程に携わった人だけが、後にあの仕事は自分がやったのだと実感することができます。これからさらに速いスピードで変化と成長を遂げるマーケティングの世界に自分の足跡を残したいという方と一緒に働くのを楽しみにしています。」

2014年にマルケト日本法人をスタートした時に私が採用ページに書いたメッセージだ。1996年に社会人になって以来、幸運なことに急成長した企業で経験を積むことができた。その過程で「成功モデルを作り上げる過程に関わっていた人と、できあがった後に関わった人の間には大きな隔たりがある」ということに気づいた。成功モデルとは完成したモデルではなく、完成に至る過程で行われた何百何千という意思決定のプロセスそのものだからだ。それを自分のものにすれば、環境や条件が変化しても自ら対応できる。これこそ、私がビジネスで最も大事だと考えている「再現性」だ。

この数年、B2Bにおける営業やマーケティング、インサイドセールス、SaaSのビジネスモデルなどについて相談を受けることが増えてきた。特に2005年に米国から帰国し、マーケティング、インサイドセールス、営業の分業体制を「The Model（ザ・モデル）」という名称で日本に輸入した経験について聞かれることが多い。実は当時、セールスフォース・ドットコム本社でそう呼ばれていたわけではない。私を含めた数人のプロジェクトメンバーが日本展開した時の呼称であり、このように多くの人に広まるとは考えていなかった。現在は同社日本法人、さらには業界の人々によってより高度で洗練されたものに発展している。

気になるのは、私に質問する人の多くが、組織体制や評価指標だけを単純にまねようと、形から入るケースが目立つことだ。どの会社にもそのまま適用できるモデルなど存在しない。自分の会社にとっての「ザ・モデル」を創造することを目指してほしいという思いから本書を執筆することになった。

■愚者は経験に学び、賢者は歴史に学ぶ

オットー・ビスマルクの格言に、「Fools say they learn from experience. I prefer to learn from the experience of others」という言葉がある。「愚者は自分の経験から学ぶことができると思っているが、自分は他人の失敗から学んでそれを回避することを好む」というニュアンスになるだろうか。私はこれを自分流に「自分1人でできる経験には限界がある。しかし他者の経験を研究することによって補うことができる」とポジティブに解釈している。自分で一通りプロセスを体験しないと身につかないのでは、社会は進化しない。他者の経験を学び、自分のものにできれば大きな価値がある。

まだまだ経営者として胸を張れるほどの存在ではないが、後進の人たちに自分の経験を伝え、成長に至る過程を疑似体験してもらうことで少しでも皆さんの参考になれば、これほど嬉しいことはない。

本書では成功体験だけでなく、失敗談やなぜそのような判断をしたのかという点を可能な限り盛り込むようにした。新たなビジネスに取り組む人たちに、本書を再現性のある「プレイブック」として活用してもらえれば幸いだ。

福田康隆

第1部 アメリカで見た新しい営業のスタイル

第2部 分業から共業へ

第3部 プロセス

第4部 3つの基本戦略

第11章 ■ 市場戦略

第12章 ■ リソースマネジメント

第5部 人材・組織・リーダーシップ

第14章 ■ 人材と組織

第1部

アメリカで見た新しい営業のスタイル

第1章 マーク・ベニオフとの出会い

営業の可能性に目覚めた瞬間

「ヤス、なぜ日本人はあれほど細かく生産管理をやるのに、営業については何もしないんだ？」

某製造業のクライアントに関する日本と米国の電話会議が終わった直後、ポツリと上司から投げかけられた言葉だ。日本オラクルから米国駐在員としてロサンゼルスに派遣されていた私は、日本企業の現地法人に対する営業活動を支援していた。

「アメリカの営業のやり方は日本と違うのか」と思い、ふらっとオフィスの隣にある大型ショッピングモールの書店に入ってみたところ、セールスプロセスや営業マネジメントに関する本が山ほど並んでいた。しかも、内容は「伝説の営業マン」のような武勇伝ではなく、営業組織の作り方に始まり、テリトリーの考え方、報酬体系の構築など、実に幅広い内容が体系的にまとまっている。その扱いはまるで経営学の一部のようでもあり、しっかり学問として学べる内容になっていた。これまで日本で見聞きしてきた営業とは全然レベルが違う。さっそく分厚い辞書のような洋書を5、6冊買い込み、読み漁ったのが本当の意味での「営業との出会い」となった。

その頃、手に取って影響を受けた本がある。当時、日本語版が発刊されたばかりの『ザ・ゴール』だ。組織の作り方やテリトリーの設計、ターゲット企業や業種の選定の仕方などは、どの本にも同じようなことが書いてあったが、営業が商談を受注まで動かすプロセスについて語られた本はなかなか存在しなかった。あったとしても、どのように最初のアポイントを取るかというテクニックに比重が置かれている。しかし、『ザ・ゴール』をはじめて読んだ時は、脳天が雷に打たれたくらいの衝撃を受けた。

この本に書かれているやり方を、そのままマーケティングから営業のプロセスに当てはめることができれば、予算やリソースを投入して、どれだけのスループット（売上）を生み出せるだろう。さらに、ボトルネックを見つけて継続的な改善を加えていく手法を取り入れれば、圧倒的な競争優位に立てるのではないか。この時は興奮が抑えきれず、黄色いメモパッドにどんな営業プロセスを設計すればよいのか、一生懸命アイデアを書きなぐった記憶がある。

後にセールスフォース・ドットコムに入社した時に、この興奮がよみがえることになるのだが、当時の私の仕事はあくまでもアメリカの営業部隊を日本語で支援するのが中心で、自分のアイデアを試すチャンスはなかった。それどころか、日本企業の駐在員とゴルフをしたり、日本食レストランに行く日々が続き、「自分はこれからどのようにキャリアを築いていくべきなんだろう」と悩み始めていた。

マーク・ベニオフとの出会い

米国駐在も2年が過ぎようとしていた2003年の夏、キャリアの転機が訪れた。日本へ一時帰国した際に、佐野力《ちから》さんからオープンして間もない六本木ヒルズの最上階にあるヒルズクラブに招待してもらった。当時の佐野さんは、日本オラクル会長を経て、すでに経営からは身を引いていた。最初は一緒にいた数人のメンバーで談笑していたのだが、途中で「ちょっとこっちに来い」と呼ばれて、バーの窓際のカウンターに腰を下ろすと、おもむろに「お前、セールスフォース・ドットコムって知ってるか？」と聞かれた。「聞いたことはある気がするのですが、どんな会社でしたっけ」と答えると「オラクルにいたマーク・ベニオフを覚えてるか。お前会ったことはあるか」と言う。「いえ、会ったことはないと思います」とだけ答えると、「お前はオラクルを辞めて、セールスフォースに行け。マークはラリー・エリソンのようなカリスマ的な経営者だ。これからとんでもない成功をする。お前はセールスフォースに行け」と言われた。

日本オラクルでは、退職を申し出た社員には例外なく、佐野さん自ら面談を行い、猛烈に説得することで知られていた。それなのに自分は退職を促されるのか。正直、狐につままれたような気持ちだった。後に知ったことだが、佐野さんとマーク・ベニオフはオラクルの経営陣の中でも特別に仲がよく、セールスフォース・ドットコムの設立にも深く関わっていた。

佐野さんからの思いがけない提案を聞いた後、私はロサンゼルスに戻った。すると数日後に、マーク・ベニオフから「ぜひ一度会って話をしよう」というメールが届いた。セールスフォース・ドットコムの本社はサンフランシスコだが、ちょうどロサンゼルスに来る予定があるという。私はさっそくビバリーヒルズのホテルで面談を受けることになった。ホテルに到着すると、ベニオフは「取材があるから待ってろ。隣に座っていていいから」と言う。ちょうどＬＡタイムズの取材が始まるところだった。レストランで行われる取材に私も同席することになった。

記者に対してベニオフが熱心に語っていたのは、「これからはソフトウェアの民主化の時代が来る」ということだった。当時のセールスフォース・ドットコムのロゴには「No Software（ソフトウェア禁止）」というマークが付いていた。業務用ソフトウェアというのは膨大な初期投資が必要で、導入に手間も時間もかかるものというのが当時の常識だった。彼らはその世界を変えようとしていた。これからは、消費者がアマゾンで本を買うのと同様に、企業もインターネットに接続するだけでソフトウェアを利用できるようになる。導入したソフトウェアに自分で複雑な設定をする必要もない。セールスフォース・ドットコムが目指しているのは、ソフトウェアを便利な「サービス」として手軽に利用できるような世界。

ベニオフが「ＳａａＳ（Software as a Service）の時代がやってくる」と記者に対して熱く語るのを見ていた私は、「もしそんなことができたらすごいことだ。世の中が変わるかもしれない」という予感めいたものを感じていた。

ベニオフとセールスフォース・ドットコムという会社に興味を持った私は、本格的にこの話を進めようとサンフランシスコに飛んだ。同社のはじめてのカンファレンスが開催されるというので参加したのだが、これが現在、世界最大規模のカンファレンスとして知られる「ドリームフォース」の第1回だった。

その開催中に、私はセールスフォース・ドットコムの経営陣と面談をすることになった。私は「北米のトヨタやホンダ、日産などを担当している」と大手企業の経験をアピールした。しかし、彼らが一様に聞いてきたのは「あなたはＳＭＢの経験はないのか」ということだった。

ＳＭＢ、つまり中小規模の企業に対する営業やマーケティングの経験はないのかと聞かれたことが私には意外だった。ＩＴ企業であれば、予算をたっぷり持っている大手企業の経験や人脈を求められるのではないかと想像していたからだ。「ＳＭＢの経験はないけれど、そこは代理店がカバーするのでは」とたずねると、「そんなことはない。アメリカとヨーロッパではSMB企業が先行してサービスを導入して成功事例を作り、それをもとに大手企業へビジネスを伸ばそうとしている。日本でも同じ成功モデルを作りたい。それができない人は必要ない」と言われた。

おみくじのオファーレター

経営陣がSMB市場を重視していることは理解したが、そのやり方が日本でも通用するのだろうか。疑問を持ちながら面談を終えた私は、すでに設立3年目を迎えていたセールスフォース・ドットコム日本法人の状況を知りたいと考えた。マーク・ベニオフに「日本のメンバーと話してみたい」とリクエストして、日本に一時帰国することにした。

日本で出会ったのが、当時、日本法人の社長だった北村彰さんとアレン・マイナーさんだ。アレンさんと私は同じ時期に日本オラクルに在籍していたが、直接話をするのはこの時がはじめてだった。私はさっそく自分の疑問を2人にぶつけてみることにした。

セールスフォース・ドットコムの主力製品は顧客データを管理するCRM。それまで自分が手がけていた会計や生産管理システムなどのＥＲＰ（基幹情報システム）とは分野が異なるため、そもそもニーズがあるのか、自分で売れるのかも感覚がつかめなかった。先行するアメリカ市場では、幅広い価格帯のソフトウェアが多数そろっていて、大企業から中小企業まで顧客管理や商談管理を行うのが当たり前となっていた。日本市場はどうなのかとたずねると、「ＥＲＰのようなソリューションは企業が業務を回すうえで必要だから、必ずどこかの製品を導入する。でもＣＲＭはなくても仕事は回る。Nice to haveなんですよ。あればいいかもしれないけれど、Mustじゃないものは売るのが難しいですよ」と言われた。当時は、自社製品なのに冷めた言い方だなと思ったが、後になってその意味がよくわかった。

あれば便利だが、なくても業務が回るとなると、その必要性を認識してもらうところがスタート。最大の競合はライバル企業ではなく、「何もしない」という選択肢となる。これは売る側にとって非常に高いハードルだ。アレンさんは、日米の違いを踏まえたうえで課題について丁寧に教えてくれた。米国本社と日本法人をつなぐ仕事には価値があると感じた私は、この出会いをきっかけに、アレンさんとは今に至るまで長いお付き合いをすることになる。

セールスフォース・ドットコムに行こう。入社の意志を固めた私は、2004年を迎える前、年末年始の休暇を兼ねて日本に一時帰国した。その時ちょうど、マーク・ベニオフ以下数名の幹部が来日したので、私も最終面談ということで、当時恵比寿ビジネスタワーにあったアレンさんの会社、サンブリッジのオフィスを訪問した。この時点では、マーク・ベニオフを含め、本社の経営幹部は私にそれほど期待していなかったと思う。営業として本格的に活動したこともなければ、彼らが求めるSMBの市場について知見があるわけでもない。どちらかというと、佐野さんが推薦した人間だから試してみようというくらいの考えだったのではないだろうか。

ちょうどその日、彼らは初詣に行き、大吉を引いたばかりだという。面談の終わりに、営業部門のプレジデントだったジム・スティールは、おみくじをコピーした紙にサラサラとオファーの内容を書き始めた。そして、マーク・ベニオフ、ジム・スティール、佐野さん、私の4名がその場で直筆のサインをして、セールスフォース・ドットコムへの入社が決まった。正式なオファーレターは本社の人事から送られてくることになっていたが、このおみくじに書かれたオファーレターは、その後の私の運命を決めることになった。

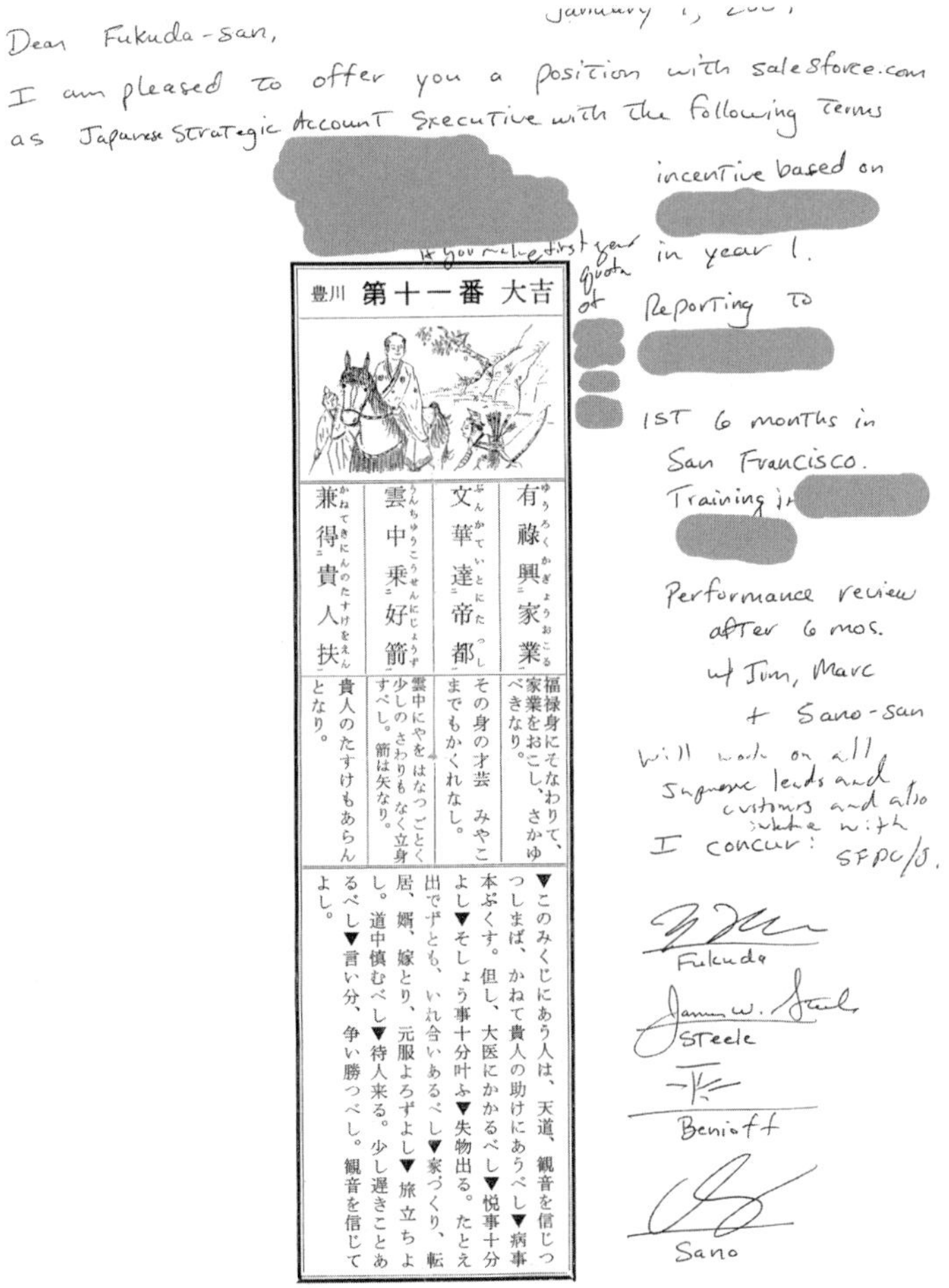

January 1, 2007

Dear Fukuda-san,

I am pleased to offer you a position with salesforce.com as Japanese Strategic Account Executive with the following terms

[redacted] incentive based on [redacted] in year 1. if you make first year quota of [redacted]

Reporting to [redacted]

1st 6 months in San Francisco. Training in [redacted]

Performance review after 6 mos. w/ Jim, Marc + Sano-san

will work on all Japanese leads and customers and also interface with SFDC/J.

I concur:

Fukuda

Steele

Benioff

Sano

豊川 第十一番 大吉

有祿興家業《ゆうろくかぎょうおこる》
文華達帝都《ぶんかていとにたつし》
雲中乗好箭《うんちゅうこうせんにじょうず》
兼得貴人扶《かねてきにんのたすけをえん》

福禄身にそなわりて、さかゆべき家業をおこし、なり。

その身の才芸 みやこまでもかくれなし。

雲中にやをはなつごとく少しのさわりもなく立身すべし。箭は矢なり。

貴人のたすけもあらんとなり。

▼このみくじにあう人は、天道、観音を信じつつしまば、かねて貴人の助けにあうべし▼病事本ぷくす。但し、大医にかかるべし▼悦事十分よし▼そしょう事十分叶ふ▼失物出る。たとえ出でずとも、いれ合いあるべし▼家づくり、転居、婿、嫁とり、元服よろずよし▼旅立ちよし。道中慎むべし▼待人来る。少し遅きことあるべし▼言い分、争い勝つべし。観音を信じてよし。

おみくじに書かれたオファーレター

第2章 営業のプロセス管理

営業の「分業体制」

退職手続きなどを経て、米国のセールスフォース・ドットコムに入社したのは2004年の4月。オファーレターでは最初の半年間はサンフランシスコでSMBのテリトリーを担当しているバイスプレジデントの下で働くことになっていた。しかし入社初日、出社するなり呼び出され、「最初はSR（当時のインサイドセールスの名称：Sales Representativeの略）のオペレーションから学んでくれ」と言い渡された。面食らったが、SRとして仕事を始めたことは結果的に、自分のキャリアにとって大きな意味を持つことになる。

この部門は、日本でも近年、多くの企業が導入を始めているインサイドセールスの先駆けだった。当時は、自分も含めて十数名。同期入社は3人。みんな20代前半でＩＴ業界以外からの転職者も多く、この仕事をきっかけに新しくキャリアを築いていきたいという野心にあふれていた。ハングリー精神と競争意識の塊のような人間の集まりだった。幸運だったのは、まだキャリアが浅く、ＩＴの知識がないメンバーが多かったため、マネージャーがしっかりと研修をしてくれたことだ。

製品の特性、競合との差別化ポイント、商談でのヒアリング項目、オブジェクションハンドリング（顧客から質問を受けた時の応酬話法）など、体系立てて教育を受けられたことは、営業としての基礎がない自分にとっては大変ありがたかった。しかし、もっと大きな意味があったのは、マーケティングからインサイドセールス、営業（フィールドセールス）へとつながる緻密なプロセス管理を学べたことだ。

アメリカで仕事を始めてからも、私は営業の本を何冊も手に取っていた。その多くは、ターゲット市場の選定、アカウントプランの作成などについては詳しく書かれていたが、見込客の発掘については手紙や電話を活用していかにアポイントを取得するかというテーマに限定されていた。しかし、研修で学んだのは、**マーケティング、インサイドセールス、フィールドセールスの分業体制による営業**だった。

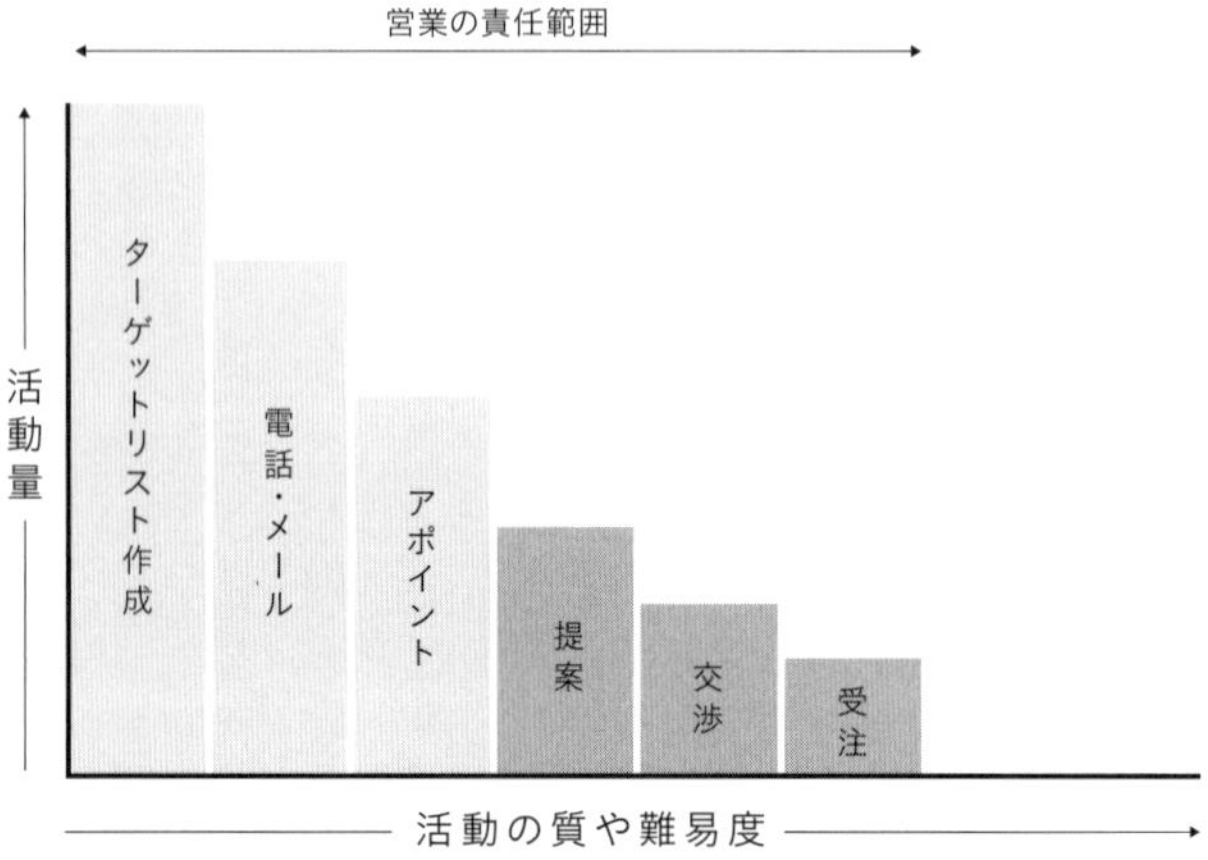

従来型の営業プロセス。顧客接点のすべてを営業がカバーする

従来の営業は、プロセスのすべてをカバーしてきた。自分で商談を探してくるのが営業の仕事。提案書を作って受注するのも営業の仕事。クレームが発生したら、真っ先に足を運んで対応するのも営業の仕事。これが従来の営業のイメージである。しかし、ここではプロセスを分業するやり方だというのだ。

学生時代に野球部だった私は、それまで先発完投型のピッチャーが当たり前とされた日本のプロ野球が、メジャーリーグの先発・中継ぎ・クローザーの分業によって大きく変化していったことを思い出した。野村克也監督が当時先発にこだわっていた江夏豊にリリーフの重要性を説いて「一緒に革命を起こそう」と説得した話を本で読んだことがあり、

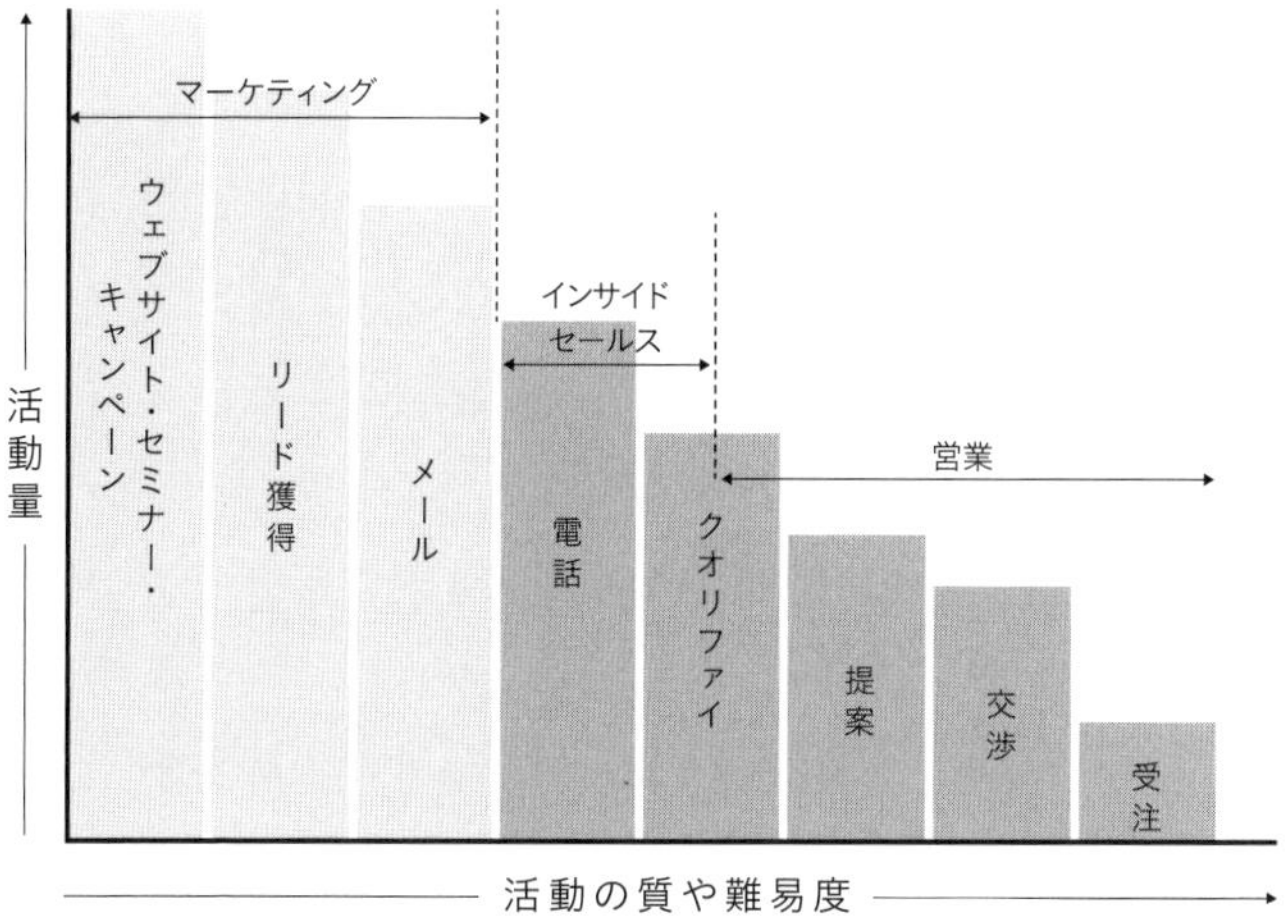

分業型の営業プロセス。受注までのプロセスを分業体制で進める効率的な手法

このような分業体制は営業の革命につながるかもしれないと思った。

高度なリード管理と営業のプロセス

研修を受ける中で衝撃を受けたのは、単に分業というだけではなく、**プロセスがきちんと整理されていること**だった。ウェブサイトから入ってきたリード（見込客）を適切なタイミングでフォローして商談化し、セールスにつなぐモデルが図解され、そのプロセスを実行する際の厳格なルールも決められていた。

まるで工場の生産工程管理と同じだなと思うとともに、以前に読んだ『ザ・ゴール』の記憶がよみがえってきた。これが、米国オラクルの上司が言っていた「営業のプロセス化」かもしれない。自分のものにすることができれば、ものすごい武器になるのではないかと考えた。同時に、これはどこかで見た風景だと思った。大学時代にやっていた、中学生向け教材のセールスのアルバイトである。

この仕事は、業者から買った名簿に学生や主婦がひたすら電話をかけるテレアポの仕事からスタートする。つながらなかったら△、絶対にかけてくるなと言われたら×、何日にコールバックしてくれと言われたら紙に日付をメモしていく。アポイントが取れたら、ベテランの営業担当者に会話内容をメモしたシートを渡して個別訪問をかける。私もまずテレアポからスタートした。成績がよかった私は、社長から「いかにも営業マンに見える人間より、大学生が売りに行くほうが信用されるだろう。お前は外に出ていいよ」と言われ、営業をやることになった。当時、一式50万円を超える教材だった。

販売する商材はさておき、セールスフォース・ドットコムでやっていることは、あの時とそれほど変わらない。**違いはそのプロセスをシステムで管理していることだ**。そう考えると、自分に本当に売れるのか、提案できるのかといった不安がすべて吹き飛んだ。町の教材セールスの会社ですら、同じような営業のやり方をしている。この方法を持ち込めば、どんな会社でも必ずニーズがあると直感した。

研修中は、マネージャーのボイスメールにセールストークを英語で吹き込むなど、アメリカ人と変わらないタスクを要求された。しかし、特別扱いせずに教育してくれたことに今では感謝している。もっとも研修期間が終わった後は、貴重なリードに私が電話するわけにはいかないので、ベテランのインサイドセールスの横について、オペレーションを徹底的に観察することになった。その日に電話するリードのリストはきれいに整理されていて、ウェブサイトや企業情報データベースをチェックして事前知識を頭に入れる時間、電話をかけるまでのダイヤルのスピード、履歴を残すタイミングに加えて、会話も一定以上は長引かせないようにポイントを絞って効率良くこなすなど、実績を残しているインサイドセールスはマシンのように正確だった。

そのおかげで、マネージャーは1人あたりのインサイドセールスがさばける月間のリード数を正確に把握していた。業務時間中は、情報共有ミーティングと短い休憩以外は誰とも口をきかず、黙々と電話する。昼休みも、急いでビルの1階にあるフードコートでブリトーを買い、15分ほどで食べて再び仕事を開始する。日本では、みんなで連れ立ってタバコを吸いに行ったり、仕事中におしゃべりする光景をよく目にしていたので、仕事への集中力に驚いた。日本人はワーカホリックだと言うが、アメリカ人の集中力と密度の濃さに、日本人は到底及ばない。

しばらくするとマネージャーに呼ばれ、日本ではまだプロセスが確立していないが、インサイドセールスをグローバルで共通のオペレーションにしたい。今ある日本のリードに電話してデータを整備してほしいと言われた。時差があるので、その日から毎日夕方4時に出社し、誰もいないオフィスで深夜まで日本に電話をかけ続けるという生活が始まった。

まず、電話をしてタイミングよく相手と話ができる可能性はものすごく低い。伝言を残して折り返しを待ちたいところだが、さすがにアメリカに国際電話で折り返してくれとは言えないから、「また、あらためます」と言うしかない。折り返しの番号を伝言しないのかと電話を取った人に不審がられたこともしばしばだった。効率が悪かったのは事実だが、商談化していないものの中に、きちんとフォローすれば次につながりそうなものがあるということはわかってきた。

反応が得られるのは大体100件かけて10件から15件くらいだが、きちんとプロセスを統一してステータス管理をすれば抜け漏れが防げる。そうすれば、もっと生産性を上げられるのではないかという感触がつかめた。

日本の未フォローリードへのコールを一巡した後は、当時設立されたばかりのアウトバウンドのインサイドセールス部隊であるＥＢＲ（Enterprise Business Representative）について勉強してほしいと言われた。最近ではＡＤＲ（Account Development Representative）やＢＤＲ（Business Development Representative）と呼ばれる、ターゲットに設定した企業に対して、イチから電話でアプローチする部隊である。こちらからアプローチしなくても、ウェブサイトのフォーム入力を通じて流入するインバウンドのリードの多くはＳＭＢ企業であり、大手企業を担当する営業部門は自分たちで商談を発掘しなければならない。ならばということでスタートしたのがこの部隊だ。

今、主流となっているアカウントベースドマーケティング（ＡＢＭ）の発想にも通じるが、インバウンドのリードは必ずしも自分たちがねらっている企業から来るわけではない。自分たちがターゲットとする企業に対して、どのようにアプローチするのかを考えるのがこの部隊の役割だ。

決して特別なプロセスではないが、インバウンドのオペレーションと同様に、ここでも分業のメリットを強く感じた。営業活動をしていると、どうしても今売れそうな顧客の対応や提案書の作成に多くの時間を割いてしまう。一方、パイプラインを作成するためにはコツコツ新規の顧客にアプローチすることも欠かせない。しかし、目の前の案件と新規顧客の開拓、この両方を1人でこなすのは時間がないことに加え、短距離と長距離を交互に走るようなもので、リズムが違う仕事なのでなかなか作業の効率が上がらない。**分業すれば、同じリズムの仕事に集中することができる。**そうすることによって効率が上がり、次第にゾーンに入っていくような感覚が出てくるのだ。

インサイドセールスの前身であるSRについては、日本に持ち込めばすぐに効果が出るという感触があったが、EBRについては、実際に在米日系企業に対して日本人の役員クラスを対象にオペレーションを実行してみたところ、そのままでは難しいかもしれないと感じた。SRの場合は、資料請求や無料トライアルの申し込みなどの後に電話をかけるため、会話のきっかけはつかめる。ところがEBRの場合は、まず自分がどこの誰かを知ってもらうところからスタートしなければならない。特に当時のセールスフォース・ドットコムの認知度は、アメリカ国内でも高いとは言えなかった。時間をかけて説明したとしても、関心があるかどうかすらわからないので、とてつもなく効率が悪いのだ。

EBRはやり方を考えないと日本では成功しない。メールアドレスすらわからない相手にどうアプローチすればいいのかを考えている時、読んだばかりの『Selling to VITO』（邦題『トップに売り込む最強交渉術』）を参考にして手紙を書くことにした。売り込みだと思われて捨てられないよう白地の封筒にしてみたり、そもそも開封するのが面倒だと思われるのを避けるためにFAXを送ったりと試行錯誤を繰り返した。

FAXでそこそこアポイントは取れるようになったものの、相手からは電話ではなく、会って説明しろと必ず言われてしまう。SRやEBRといったインサイドセールスは営業（フィールドセールス）と違い、外出しないことで大量に業務をこなすことができるのであって、説明するために訪問していては、分業体制を敷く意味がなくなってしまう。その後、私はSMBを担当するAE（Account Executive）の商談に同席させてもらうことになったが、なんとAEもすべて電話で売り切るモデルを実践していた。商談になるかどうかを見極めるまでを電話でやるのはわかるが、実際に商談を進める時には直接会って提案すると思っていたのでかなり驚いた記憶がある。

当時の同僚に「お客さんから電話じゃなくて会いに来いと言われないのか」と質問する

と、以前はそういう傾向もあったが、2001年のテロ以降は飛行機での出張を控える企業が増えて、急速にウェブ会議が増えたらしい。「相手も慣れているから問題ないよ」と言われて、なるほどそんなものかと思った。自分も米国オラクルで仕事をしている時は、ロサンゼルス地域だけでも広大で、車での移動に非常に時間をとられていた。年間5万キロは運転していたと思う。それに加えて、サンフランシスコ、シカゴ、インディアナ、ケンタッキー、オハイオ、ニューヨークにいる顧客と会うために、頻繁に飛行機での移動を強いられた。訪問をウェブ会議で置き換えることができれば、1日に6件程度は余裕でこなせる。実際にウェブ会議でスムーズに商談が進んでいくのを目の当たりにした私は、圧倒的な生産性の高さを確信した。

営業のキャリアパス

SR、EBR、AEなど、いくつかの職種について学んでいるうちに、あっという間に最初の3か月が過ぎていった。2004年7月、突然マネージャーから「マークがこれまでに何を学んだかを説明してみろと言っている。準備してくれ」と言われた私は、さっそく数枚のスライドに考えをまとめることにした。ポイントは次の5つだ。

1　マーケティング、インサイドセールス、営業の分業体制のモデルでSMB市場を攻略しており、このモデルは日本でも展開できる

2　特に、SRのオペレーションについては、早い段階で効果が出ると考えられる

3　EBRのオペレーションについては、日本とのビジネス慣習の違いで展開には課題が残る。ただし、基本的な考え方は踏襲できると思われる

4　SR→EBR→SMB AE→エンタープライズAEの分業体制はキャリアパスにもなっており、人材育成も兼ねている

5　各部門の役割の明確化が生産性を高める鍵である

4つめのポイントはキャリアパスについてだが、このことについて考えるようになったのは、当時一緒に働いたメンバーがプロモーション（昇進）という形でどんどん役割を変えていったことがきっかけだった。せっかく高いパフォーマンスを残しているのにもった

いないと思い、当時の営業部門のトップにたずねると、**これらの営業組織自体がアカデミーのような教育機関の役割を担っているの**と、次のように説明してくれた。

「今は業界トップクラスの営業は、なかなかうちに入社してくれない。業界未経験者を採用して、まずSR（現在のインサイドセールス）の仕事をしてもらう。相手はある程度うちのことを認知していて、何かしらの課題を持っているから、未経験者でも話はしやすい。とにかく数多くの見込客と話すことで製品知識、ヒアリング能力、オブジェクションハンドリングなど基本的な営業スキルを身につけることができる。

EBRになると、まったく興味がない相手に関心を持ってもらうプロスペクティング（顧客発掘）のスキルを磨く。次にSMBのAEになったら、SRからどんどん商談がパスされてくるので、クロージングのスキルを徹底的に磨く。そして、最終的には大手企業向けに大規模な商談をまとめていくエンタープライズAEへと育っていくんだ。」

若い社員が先輩のカバン持ちをしながら仕事を覚えていくのではなく、1つのことに集中して数多く経験させて、上へと引き上げていく。未経験者でもレベルごとに能力を開発しながら、求められる仕事ができるように育てていくというキャリアパスがしっかりと構築されている。どちらにもメリットとデメリットはあるが、OJTのように付いた人によって運不運があるということはない。明確な実力主義でキャリアの階段を上がっていく世界は新鮮だったし、アメリカらしいと思った。

営業のキャリアを考えていくうえで、この部門で学んだことは大きな収穫であり、今、自分はどのスキルが足りないのかということを考えるきっかけにもなった。

測定できないものは管理できない

5つめのポイントは、部門ごとの役割とKPIを明確にするということだ。従来の営業スタイルは、アポ取り、商談、受注後のフォローまで全体を営業が担い、チェックする数字は売上やせいぜい訪問件数くらいという会社が多かったと思う。これでは業績が良くない時にどのような対策を打てばいいのか判断することは難しい。分業体制のメリットは、最終的な売上だけを見るのではなく、**各プロセスを担う部門のパフォーマンスを評価する中間指標を設定し、どこがボトルネックなのかを把握し、すぐに対策が打てる**ということにある。

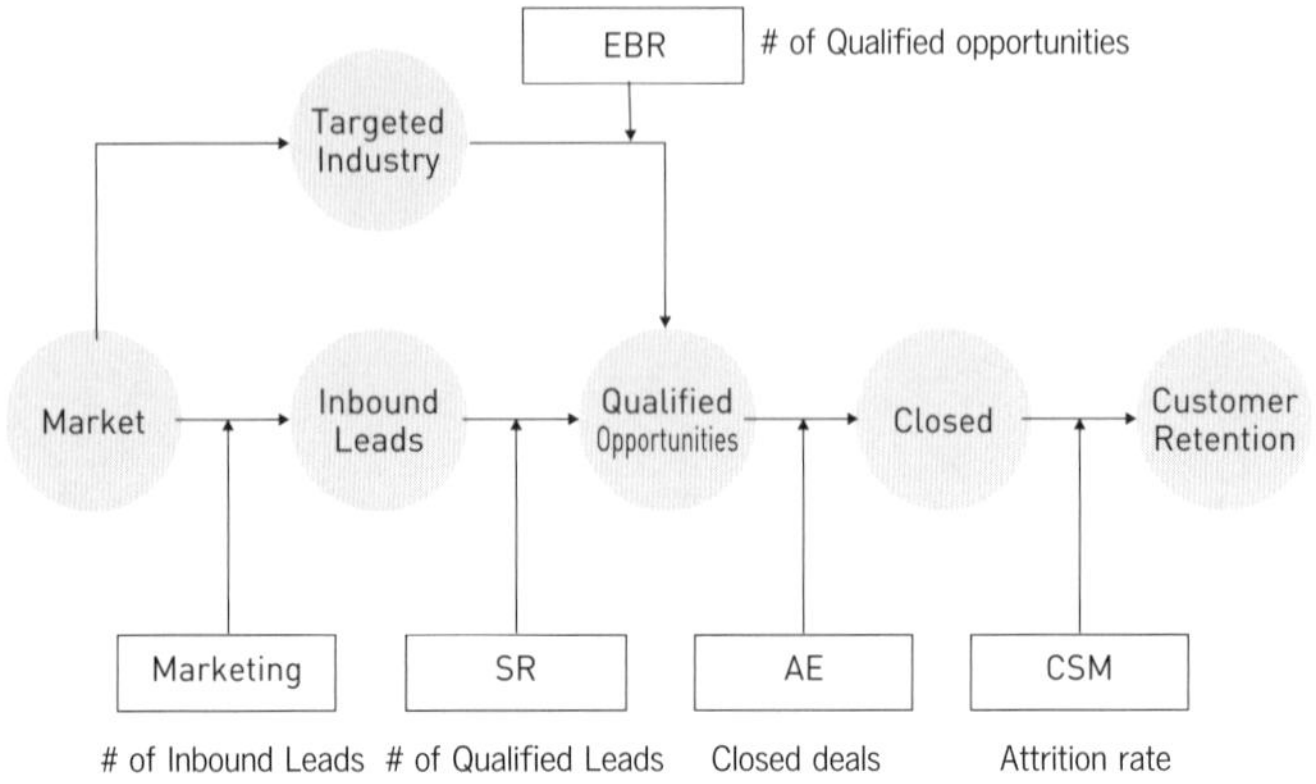

各部門の役割と指標（図中の＃は件数を表す）

当時の部門の役割と目標を説明するために私が作成したのが上の図だ。市場からリードを獲得するのがマーケティング。リードを商談化するのがインサイドセールス（SR）。商談から受注するのがフィールドセールス（AE）。市場全体の中でも、ターゲットとする企業や業種から商談を作るのがアウトバウンドのインサイドセールス（EBR）。受注した顧客のリテンションがカスタマーサクセスマネージャー（CSM）の役割ということになる。

それぞれの部門はインバウンドリード、商談作成件数、受注商談、解約率などの指標で評価される。これらの指標をどの程度達成したかで、各人の報酬は異なる。

私はこれら5つのポイントと考察、日本とアメリカの現状の差異をデータとあわせてマネージャーに提出した。数日後に会議室に呼び出されると、当時の上司の他、営業部門やオペレーションのトップなど数名が集まっていて、いきなり「マークが今すぐ日本に帰って、この通りに実践しろと言っている。すぐに帰国してほしい」と言われた。この時は、自分の説明した内容が合格点をもらえたという喜びより、想定外の指示を受けて動揺してしまった。

オファーレターには米国勤務は2年間とあったので、「せめて来年の3月まで待ってもらえないか」と交渉したものの「そんなに長くは待てない」と押し問答が続いた。しかし、「まだマーケティングとカスタマーサクセスについては、簡単なミーティングしかしていない。これらの部門も経験させてほしい」と依頼して、ようやくOKしてもらった。

第3章 「ザ・モデル」のその先へ

新しいコンセプトをどう伝えるか

帰国まで半年以上の猶予をもらったが、さっそくこのオペレーションを日本法人に説明するようにと指示が出て、オペレーション部門のトップ、私の上司を含めた3人が日本に出張することになった。私たちはあらためて、マーケティング、インサイドセールス、営業の分業体制や、何を中間指標として計測するかを示したシンプルな図を作成することにした。

本来は、大手企業の市場を攻略するアウトバウンド型のアプローチやパートナー企業との協業など様々なパターンにもとづくフローが存在するのだが、この時は日本でまだ展開されていないインバウンドリードを軸としたSMB市場向けのフローを導入することが目的だったため、私たちはこのパターンに特化した資料を議論しながら作り上げた。ミーティングの最後に、新しいコンセプトをしっかり伝えて受け入れてもらうためにも何かわかりやすい名前があったほうがいいだろうということになり、「これが我々のスタンダードなのだ」ということを表すため、「ザ・モデル」と名付けた。

当時の米国本社で、この図がこの名前で呼ばれていたわけではない。あくまでも数あるマーケティングと営業プロセスのパターンの1つにすぎないものだった。現在、多くの人たちがこのモデルに注目し、活発に議論しているのを見ると、もはや1つのフレームワークになったように感じる。

日本への帰国と実践の日々

その後、2005年3月に帰国した私は、いよいよ自らの手でSMB市場向けの組織づくりとオペレーションを実践することになった。頭に知識が入っていて、やるべきことも見えている。早くスタートしたくて、うずうずして仕方ない状態だった。しかし課題がなかったわけではない。

当時はSMB市場に注力している日本のソフトウェアベンダーは少なく、直販でやるのは効率が悪いと考えるのが当たり前。まずはパートナーと組んで販売網を構築するのが一般的だった。私も周囲から、「自社のインサイドセールスや営業でカバーするなんて、人数が少ないのにできるわけがない」「電話でまずヒアリングするなんて失礼だ。日本のお客様だったらまず会いに来て説明しろというのが常識。アメリカかぶれはこれだから困る」と言われた。それでも自分が周囲の声に振り回されることなく、仕事を続けられたのは2つの点で幸運だったからだ。

1つは成功体験がなかったこと。過去に、別の会社で日本のSMB市場での成功体験があれば、私はその経験に頼っただろう。自社でインサイドセールスと直販営業を育てるなんて成功するわけがないと一蹴していたに違いない。成功体験がないことは不安にもつながるが、逆になんでも素直にやってみよう、うまくいかなかったらその時に考えればいい。そう思い切ることができた。まさに「ビギナーズマインド」といったところだろうか。

もう1つは、日本を離れてアメリカで仕事をしたことで、**客観的に日本を見ることができるようになったこと。**ＩＴ業界に限らずだが、「日本人の品質に対する要求は高い」「日本市場は……という点でユニークだ」と、日本の独自性を訴える人たちは多い。しかし、違いに目を向けるより、共通点に目を向けて、それを利用するほうがはるかに有意義だ。市場や文化の違いを認めることと、違うやり方を許容するのは意味が違うというスタンスで私は日本での仕事に臨んだ。

たとえば日本では、金額の多寡にかかわらず商談の際には必ず営業が訪問していたが、アメリカでは顧客の従業員数や商談金額ごとに明確な基準があり、必要なしと判断されれば訪問することはできない。このオペレーションをどうするか。いきなりアメリカと同じ基準を当てはめることはしなかったが、まずは過去の商談を金額でいくつかのレンジに分けて、件数や受注率などを合わせて分析するところからスタートすることにした。

すべての案件で訪問するのは止める。その代わりウェブ会議で顧客とコミュニケーションすることを提案した。メンバーからは「福田さん、とりあえず訪問したほうが早いですよ」と何度も言われた。しかしまずトライしてみると、日本のお客様もわざわざ営業が訪問することにプレッシャーを感じていて、それがアポイントを断る理由になっていたことも明らかになった。何か提案したいなら説明に来るのが筋だと考える人がいれば、まだ情報収集の段階なのに売り込みに来られると面倒だと考える人もいる。ウェブ会議は後者に歓迎され、「うちの営業にも取り入れたい。これはおたくが販売しているのか」と勘違いされることもあった。

決めたことをまず実行してみることで、うまくいくこと、いかないことがふるいにかけられていく。そして、日本の現状と思い込んでいたものが、実態と異なることもわかってきた。アメリカで学んだことを愚直にトライしながら、反応を見て少しずつ修正することを繰り返した結果、帰国して半年ほど経過した頃から一気に成長軌道に乗り、ビジネスが拡大していった。

新規リードはいつか頭打ちになる

私は日本のセールスフォース・ドットコムで計9年間働き、前半では方程式の通りに、

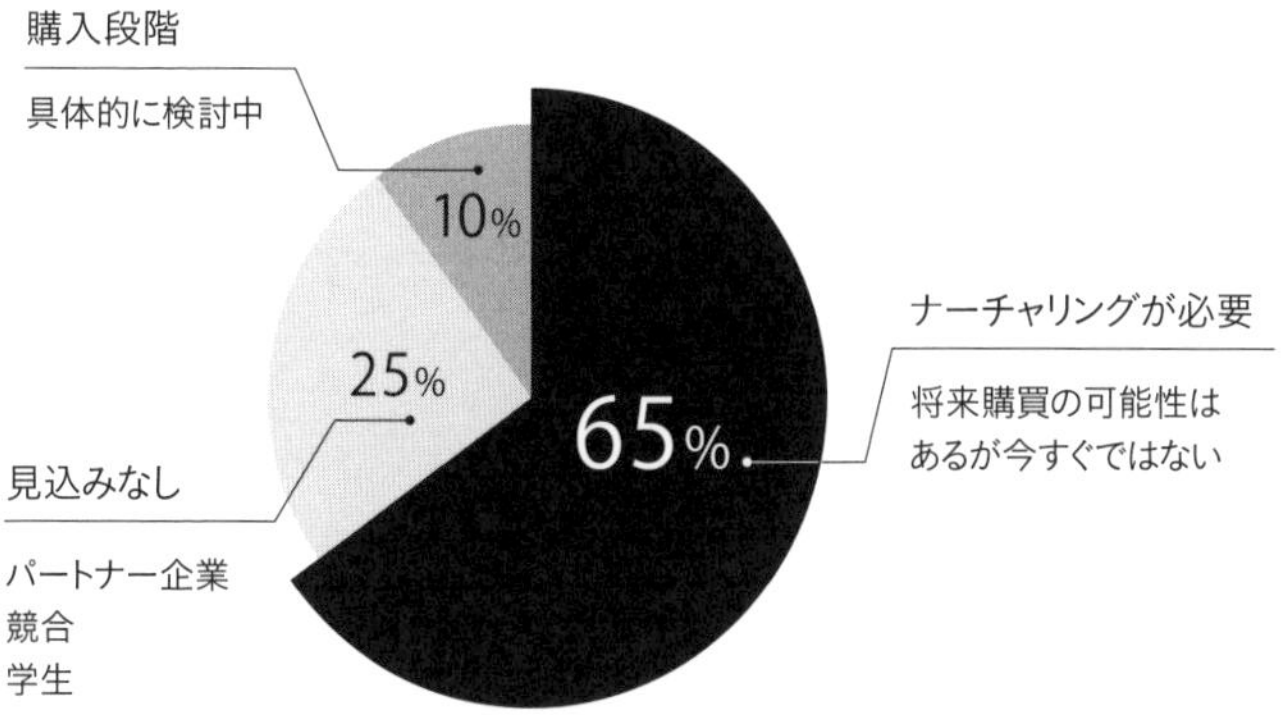

新規リードの65％は見込客。継続的なフォローが必要

ビジネスを順調に伸ばすことができた。しかし年数が経つにつれて新たな課題が出てきた。それは**「新規リードが永遠に増え続けることはない」**ということだった。

最初のうちは、セミナー、展示会、ウェブサイトからのコンバージョンなど、あらゆるリード獲得はすべて新規リードである。しかし、セミナーも回を重ねれば、以前に参加した人の割合が増えてくる。ウェブサイトも同様だ。日を追うごとに、純粋な新規リードの割合は減っていく。

そもそもB2Bの検討型・高額商材では、リード獲得段階で具体的に検討しているのは全体の10％程度。25％はパートナー、学生、競合など将来的にも購買に至らない層、そして残りの65％は、「将来購買の可能性はあるが、今すぐではない」という人た

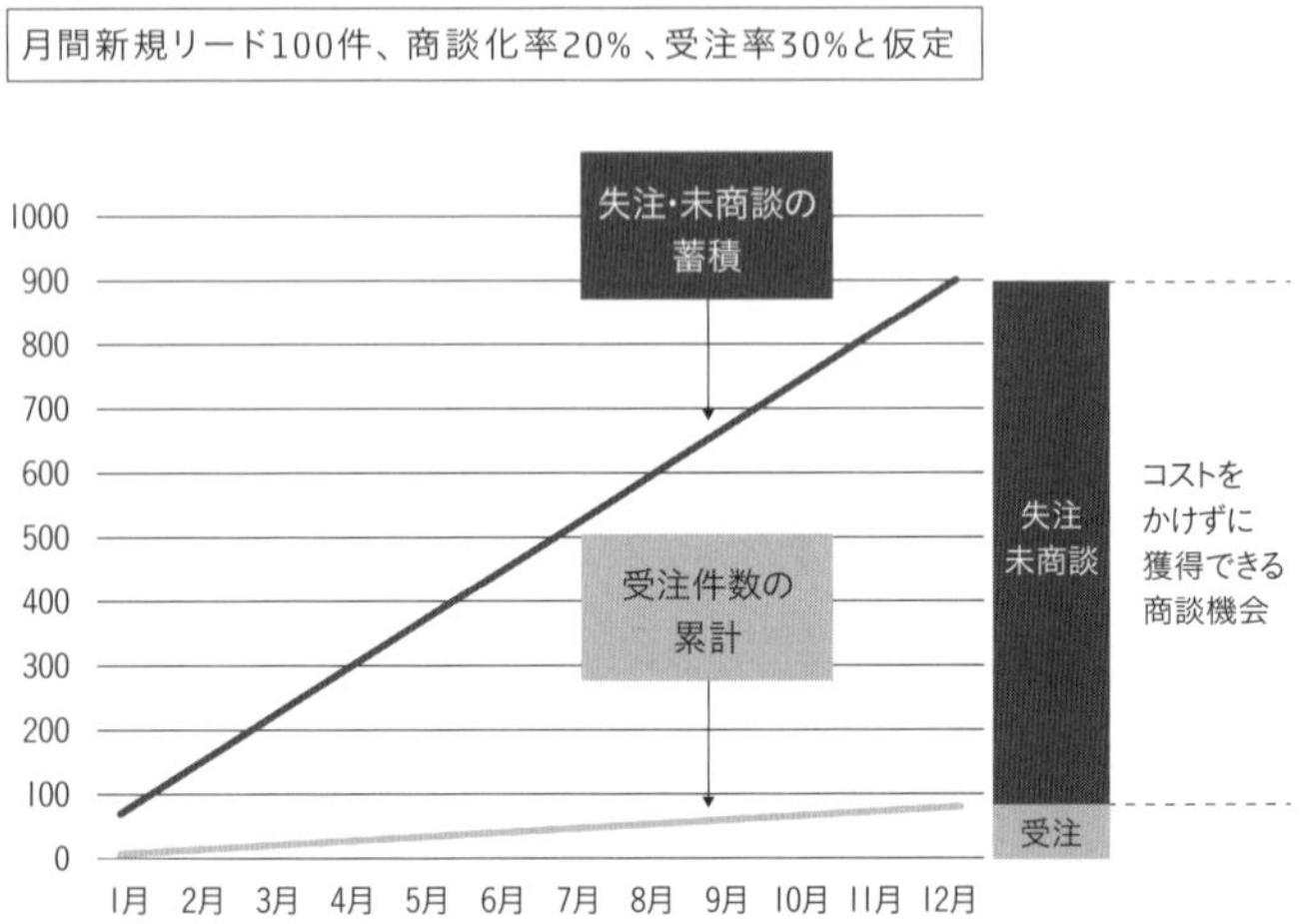

失注・未商談リードは獲得コストが不要な宝の山

ちだ。裏を返すと、**65%のリードは時間がかかっても戻ってくる可能性がある**ということだ。

一度商談まで進めても、途中で失注するものもある。受注した後も本来であればアップセル、クロスセルの可能性があるのに、営業のフォローが追いつかずに放置顧客となってしまうこともある。つまり、ビジネスを続ければ続けるほど、このような商談に至らないリード、失注、未フォローの既存顧客の数は増えていく。ここから再び商談化のプロセスへと**リサイクル（循環）**させる流れを作り、再度見込客にできれば、劇的な効果が見込めるはずだと考えた。

このアプローチがどのくらいのインパクトをもたらすか、このグラフを見るとわかる。たとえば月間の新規リードが１００件。そのうち20％が商談化し、受注率は30％と仮定すると毎月の「受注件数」と「失注と未商談件数」の累計は大きく差が開いていく。大切なのは**「失注と未商談リード」はこれ以上リード獲得コストがかからないということ。**つまり、大幅にマーケティングコストを圧縮できる可能性がある。このような課題に対するソリューションとして登場したのが、マーケティングオートメーションだ。

マルケトとの出会い

マーケティングオートメーション自体の歴史は古い。１９９2年に設立されたユニカをはじめとして１９９9年にエロクア、２０００年代中盤にマルケト、ハブスポット、パードットなどが設立されている。２０００年代中盤以降に集中しているのは、ウェブマーケティングの進化によって施策が多様化したことがあるだろう。さらに、アメリカでマーケティング、インサイドセールス、営業の分業体制によってビジネスを拡大する手法が広がる一方、行き詰まりを感じる企業が増えていた時期でもあったと思う。
その頃、カンファレンスの展示ブースでマーケティングオートメーションの存在を知った私は、直感的に「これを導入すれば、3分の1の人数で、売上を倍にできる」という可能性を感じた。

そんなある日、リンクトインでマルケトからコンタクトがあった。マルケトはセールスフォース・ドットコムのパートナー企業で、カンファレンスでは必ずいちばん目立つところにブースを構えていた。そのマルケトが日本法人を設立する。そこで、私にマルケトの代表にならないかと声をかけてきたのだ。

マーケティングオートメーションについては、概要を理解している程度だったが、労働集約型のセールス&マーケティングから脱却する解決策だと感じていた。自分の興味と一致しているだけでなく、会社そのものを自分の手で、土台から作り上げることができる。これまで自分が学んできたことが通用するか試せるチャンスだと思った。

それまで転職などは考えず、がむしゃらにやってきたが、このまま定年まで同じ仕事をすることは想像できなかった。一方で、自分が次第に保守的な人間になっているのではないかと感じることも増えていた。

そんな時に出会った、ある経営者の言葉が印象に残っている。その人は何もないところから事業を立ち上げて大きな成功を収めていたが、「今の会社を売却して、またイチからスタートしたいという気持ちになることがあるんだよね」と言う。「こんなに成功しているのに、なぜそんな風に思うのですか」とたずねると、「ここまでは本当にうまくやってきて成功したと思うが、10年も経つとだんだんやれることの幅が狭くなってくる。事業を始めたばかりの頃はいろいろな選択肢が取れる。市場戦略、マーケティング戦略、人材採用を決めていくと、同時に制約も出てくる。後になって、ここはこうしたほうがよかったなと思っても、後戻りはできないことがたくさんある。また最初からやり直したら、もっとうまくできるのにと思うことがたくさんあるんだよね」と語ってくれた。この言葉は深く心に突き刺さった。自分もまったく同じことを感じていたからだ。

しかし、なかなか決心がつかなかったのも事実だ。ずるずると回答を引き延ばしていたが、２０１４年の年明けに「そろそろ決めてくれないと困る。早く日本法人をスタートさせたいし、他の候補者も挙がってきている」と言われた。自分がやらなければ他の人がこの仕事をすることになるのか。そう思った時、他の人にはやらせたくないと思った。この仕事はマーケティングからインサイドセールス、営業へとつながるオペレーションを手がけてきた自分がいちばんうまくできるはずだと確信していたからだ。マルケトに入社することを決めた私は、退職手続きを経て、2014年6月、マルケト・ジャパンをスタートした。

ここまで私の経験を駆け足で語ってきたが、第2部以降は、私が学び、実践してきたビジネスの考え方を整理して解説していく。

第2部

分業から共業へ

第4章 2つの変化

従来の営業では通用しない時代に

現在では、多くの日本企業が「営業を科学する」ことに関心を示すようになってきた。売上向上のために、ツールを使って日々の営業活動を管理する企業の数はこの10年で飛躍的に増えたし、分業プロセスである「ザ・モデル」を参考に、組織改革に取り組む企業も出てきた。近年、日本でインサイドセールス部門が脚光を浴びているのはその表れだろう。

ただしこのモデルを「マーケティングが獲得した新規リードをインサイドセールスが素早くフォローして、商談として進められるものを選別し、営業に引き渡す」という分業によるオペレーションとだけ理解していると、実行段階で行き詰まるはずだ。**残念だが、そ**

のやり方ではもはや通用しない時代になった。

第2部ではその理由を解説していくが、その前に、頻出する用語やツールの概要を説明しておこう。

■基本的な用語

「SFA（Sales Force Automation）」は、日本語で「営業支援システム」と呼ばれる営業活動を管理するツールの総称である。営業の業務そのものは多岐にわたるため、ベンダーによってツールの特性、提供される機能は異なるが、基本的な機能としては、営業の活動記録、日報管理、コンタクト情報の管理、商談情報の管理などが挙げられる。特にB2BではCRM（Customer Relationship Management）との使い分けが曖昧になるケースも多い。CRMの中にSFAの機能が含まれるという考え方の人もいれば、SFAが進化したものをCRMと位置付けている人もいる。本書では、「営業が商談管理を行うツール」を「SFA」と呼ぶことにする。

「リード（Lead）」は日本語で「見込客」と訳されることが多いが、これも人により解釈が分かれる用語の1つだ。近年はリードをさらに細かく、MQL（Marketing Qualified Lead：マーケティング部門が評価し、インサイドセールスに引き渡してよいと認定したリード）、SQL（Sales Qualified Lead：インサイドセールスが評価し、営業部門に引き渡してよいと認定したリード）などに分類されるようになった。本書では、展示会で獲得した名刺情報、ウェブサイトの入力フォームから獲得したコンタクト情報など、自社が保有する潜在顧客のコンタクト情報すべてをリードと表現している。その中には見込客とは呼べない、ただのコンタクト情報も存在するという意味で、日本語の見込客とは意味が異なる。本書では、このリード情報を分類し、受注に進めていくためのプロセスを紹介していく。

「クオリフィケーション（Qualification）」は、一定の基準を満たしているか判断することを指すが、営業においては「Marketing Qualified Lead」「Sales Qualified Lead」のように、マーケティングからインサイドセールスへ、インサイドセールスから営業へリードや商談をパスする時に、それぞれの部門間で事前に合意した基準を満たしているかを確認することを意味する。工場の製造工程における「検品作業」と同じ概念であり、前工程で品質を担保することにより、後工程の負荷を減らしたり、手戻りを減らす役割を果たす。

「パイプライン（Pipeline）」は、商談が受注に至るまでのプロセス管理を指す。一般的には、提案、見積提出、最終交渉などのフェーズ別管理を行う。以前は、どの営業部門も商談の受注確度（ヨミ）を管理する企業がほとんどで、各商談がどのような状態にあるかを論理的に判断している企業は少なかった。特に日本企業は、営業といえば顧客とのリレーション構築が重視されていた背景もあり、日本で誕生したＳＦＡの多くは営業の活動や日報管理が中心だったが、米国発のＳＦＡの普及と共に「商談のパイプライン管理」が広まってきたという背景がある。

これ以外の用語については、折に触れて補足していく。用語説明はこのくらいにして、一般消費者とビジネスの世界で今何が起きているのかを見ていくことにしよう。

顧客の購買検討プロセスの変化

かつて企業の購買担当者は、自社で製品・サービスの導入検討をする際、それらを提供している企業や代理店に直接問い合わせ、営業担当者に会って情報提供を受けていた。この時代は、営業の人脈や代理店網の広さがそのまま差別化になった。情報を入手する手段が限られていたからだ。

その後インターネットが普及すると、企業はウェブサイトの活用を始めたが、2000年代前半は、企業サイトのコンテンツはそれほど充実しておらず、会社紹介や製品カタログをウェブに置き換えただけというものが多かった。さらに詳しい情報を知るためにはサイトで資料請求を行い、氏名、会社名、電話番号などの連絡先をフォームに登録することになる。

企業側はこうしたコンバージョンを取る仕組みを実装していたものの、それらのリード情報はマーケティング担当者や窓口となるメールアドレスにメール送信されるだけで、きちんとフォローされない。あるいは、スプレッドシートにリストがエクスポートされて、営業部門にまとめて引き渡されるが、その後、営業がフォローしているか誰にもわからないという状況だった。

そのような環境だったから、ウェブサイトからリードを獲得すると同時にインサイドセールスに通知され、即座に電話をかけるオペレーションを実践することが差別化となった。それも当然だ。比較検討中の複数社のウェブサイトに資料請求の登録をして、1社だけすぐにコンタクトがきたら、その会社の話を最初に聞く。このようなオペレーションを実践して成果が出ることがわかると「これはすごい。うちの会社でもぜひ実践したい」と考える企業が増えた。

またその頃はリターゲティング広告の仕組みを知らない人も多く、「どのウェブサイトを見ても、あの会社の広告が出ている。勢いのある会社だ」と解釈してもらえた。そのような時代であれば、リターゲティング広告で見込客を追いかけ、フォーム入力のコンバージョンと同時に電話をかけるオペレーションをガリガリ回すことで売上を伸ばすことが可能だったかもしれない。今でもこうしたやり方で、一定の確率で商談化につなげることはできるだろう。**しかし、同じくらい不快に思う人を増やすことは確実だ。**そのようなオペレーションをしている企業からは顧客の心は離れていくだろう。

■顧客とのエンゲージメントが重要な時代に

ヤンケロビッチ・パートナーズの調査によると、人々が目にする企業からのマーケティングメッセージは、1970年代には1日当たり500程度だったものが、2004年には10倍の5000にまで増加したという。昨今その数は最大1万にものぼると言われており、企業からのマーケティングメッセージは増加の一途をたどっている。私自身、一顧客の立場で考えると、本当にそこまで多くのメッセージを目にしているのかと疑いたくなるほどの数字だ。しかし、まさにその疑問こそが、この調査が伝える最も重要なポイントである。1日5000ものメッセージを目にしているという実感がないのは当然で、その大半を私たちは無意識のうちにやり過ごしている。

マス広告やアナログな広告が中心だった時代は、限られた枠をどれだけ占められるかで勝負がついたが、デジタルの時代では発信できる量に制限はない。そして量が増えれば増えるほど、顧客はそれを消化できなくなる。顧客が目にする5000ものマーケティングメッセージの中で、「どうすれば顧客に届くメッセージの1つに残れるか」は企業にとって死活問題となる。

人間は誰しも、「自分が誰か」「どんな状態か」をわかったうえで接してほしいと考えているし、「自分が関心を持っている情報を提供してほしい」と思うものだ。以前、アマゾンでハチミツとオムツを別々に購入した人に対して、ボツリヌス症の注意喚起メールが送られたとネットで話題になったことがある。その一方で、多くの人のメールボックスには、明らかに誰にでも同じ内容を一括送信しているとわかる定期メルマガがどんどんたまっていく。顧客は、送られてくるメッセージやコミュニケーション手法を見て、その企業が顧客視点に立っているか否かを判断する。

また、ワンダーマンの調査によると、アメリカの消費者の79％は「購入検討前でも、企業は『あなたを理解し、気にかけていますよ』ということを積極的に示すべきだ」と考えている。顧客の6割以上は「購買の意思決定において、価格以上に顧客体験が重要であると考えている」という調査データもある。だからこそ、メッセージやコンテンツが顧客の関心にマッチしていること、顧客にとって最適なチャネルとタイミングで届けることが求められる。

これはB2Cだけの話ではない。B2Bにおいても資料請求したとたん、営業から電話がかかってきて「この営業はスピード感がある」と感心する人もいれば、「とりあえず資料請求しただけなのに、いきなり電話がかかってきて面倒だな。メールを送ってくれれば、後で読んでおくのに」と思う人もいるはずだ。つまり、マーケティングから営業、購入後に至るまで、あらゆる接点において顧客体験を高め、エンゲージメントを深めることが重要になる。そしてこの変化は、企業にマーケティングと営業の手法を変えるよう迫る。

■営業が接点を持つ前に勝負はついている

2012年にシリウス・ディシジョンが発表した調査データは多くの人に衝撃を与えた。それは、情報収集、比較検討、意思決定といった購買プロセスのうち、前半の67%は営業担当者が接触する前に終わっているというものだった。また、2015年のフォレスターのレポートによると、B2Bバイヤーの75%は営業担当者から買うよりも、ウェブサイトで買うほうが便利だと考えている。

これらの調査データはほんの一例にすぎない。情報収集から比較検討まで、その大半を顧客が独自に行い、その結果選ばれた企業だけに問い合わせがいく。これは製品・サービスの導入検討の主導権が売る側の営業担当者から、買う側の購買担当者に移ったことを意味する。

つまり、顧客は購買のプロセスを、自分が決めたタイミングで、自分が信じられる有益な情報を好みの方法で入手し、営業担当者に売り込まれることなく自分のペースで進めたい。そして、自分のことを理解してくれる企業から購入したいと考えている。優れた顧客

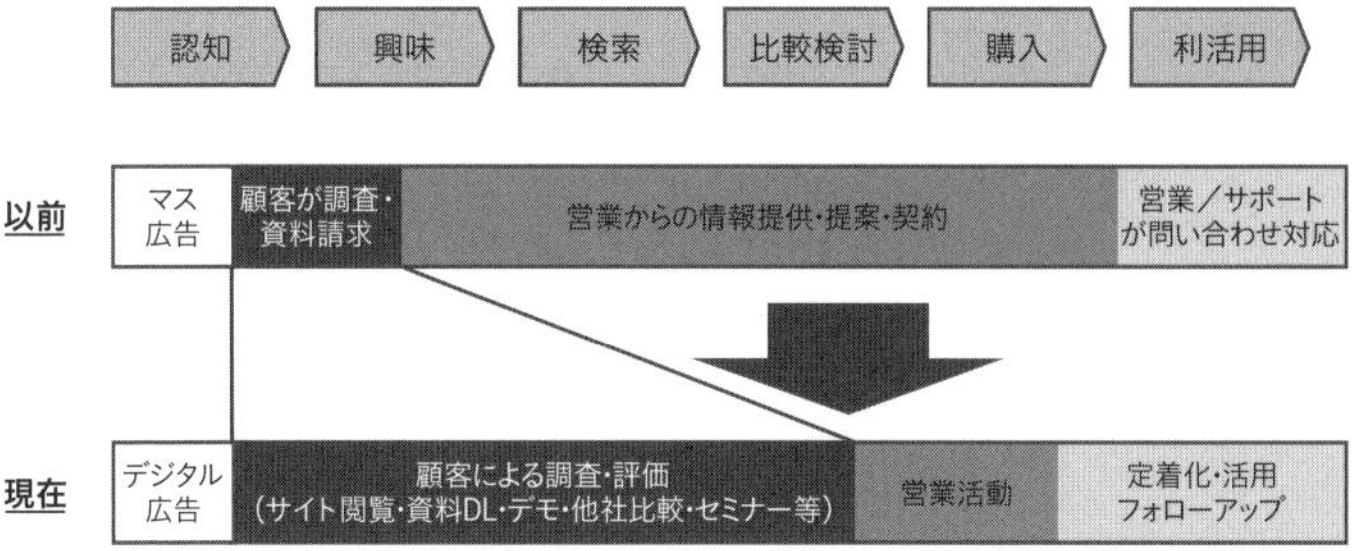

認知から購入、利活用に至る接点の変化

体験は、価格や商品そのものよりも重要な意思決定の基準になっているのだ。

この変化をわかりやすく表現したものが上の図だ。以前は、購買プロセスの中で営業の占める役割や範囲は圧倒的に大きかった。SFAを導入した企業は、営業の活動や商談のプロセス管理をすることで大きな効果を出すことができた。ところが現在は、営業が接触する前の「顧客による調査・評価」のプロセスが重要度を増しており、商談になって以降のプロセスを細かく管理していくだけでは不十分だ。

多くの企業は、調査・評価段階のものを一括りに「リード」として管理している。しかし、それらのリードを商談プロセスのように、検討ステージなどに合わせて分解し、その時、顧客が求めている情報を提供するコミュニケーションができれば、圧倒的な競争優位となるはずだ。

このようなOne to Oneマーケティングは概念としては古くから存在するが、実践するのは不可能だと思われていた。顧客の数が増えれば増えるほど、一人ひとりを理解することは難しくなるし、人手もかかる。しかし、近年のデジタルシフトにより、それは決して不可能ではなく、あらゆる企業にとって手が届く時代になった。新しいデバイスやチャネルの普及により、デジタル上の顧客滞在時間が圧倒的に増え、その行動をトラッキングするテクノロジーが発展してきたからだ。

■データ分析から顧客の行動を理解する

総務省の『平成30年版 情報通信白書』によると、個人のスマートフォン保有率はいまや60％を超え、タブレット型端末も含めたモバイル端末の所有率は84％にものぼる。技術の進化は、企業の広告宣伝やマーケティング手法にも波及し、テレビ、ラジオ、印刷物が中心だった企業と顧客の接点は、ウェブサイト、電子メール、インターネット広告、ソーシャルメディアへと広がっていった。顧客接点がデジタルにシフトしていくことによって多くのデータが蓄積し、オンラインの行動データを分析することによって顧客の行動や嗜好を読み解くことが可能になった。そして、マーケターはテクノロジーを駆使して、顧客を理解し、マーケティングのプランを立案し、顧客との中長期的な関係を構築するようになっていく。

こうした変化を受けて、スコット・ブリンカー氏が毎年発表している、マーケティング関連テクノロジー（マーテク）のカオスマップには、これまでは存在しなかったカテゴリーが次々と新設されている。

顧客のデジタルな行動データなどを収集・分析し、顧客プロファイルを正しく理解するためのもの、ウェブやソーシャル、モバイルなど新しい顧客接点に対する広告や動画、チャットやメール、ウェブなど、マーケティングメッセージのパーソナライゼーションを通じて顧客体験を高めていくもの、そしてこれらのマーケティングテクノロジーの司令塔となるマーケティングオートメーションなど、多種多様なカテゴリーが存在する。マップに含まれるマーテクの数は2011年には約150種類だったものが、2018年には6829種類にまで増加しており、まさにカオスの様相を呈している。

SFAだけを使っている場合、氏名、住所、電話番号といった属性情報、営業が入力する商談情報、オフラインの顧客活動履歴しか管理できなかった。部門や役職などの属性情

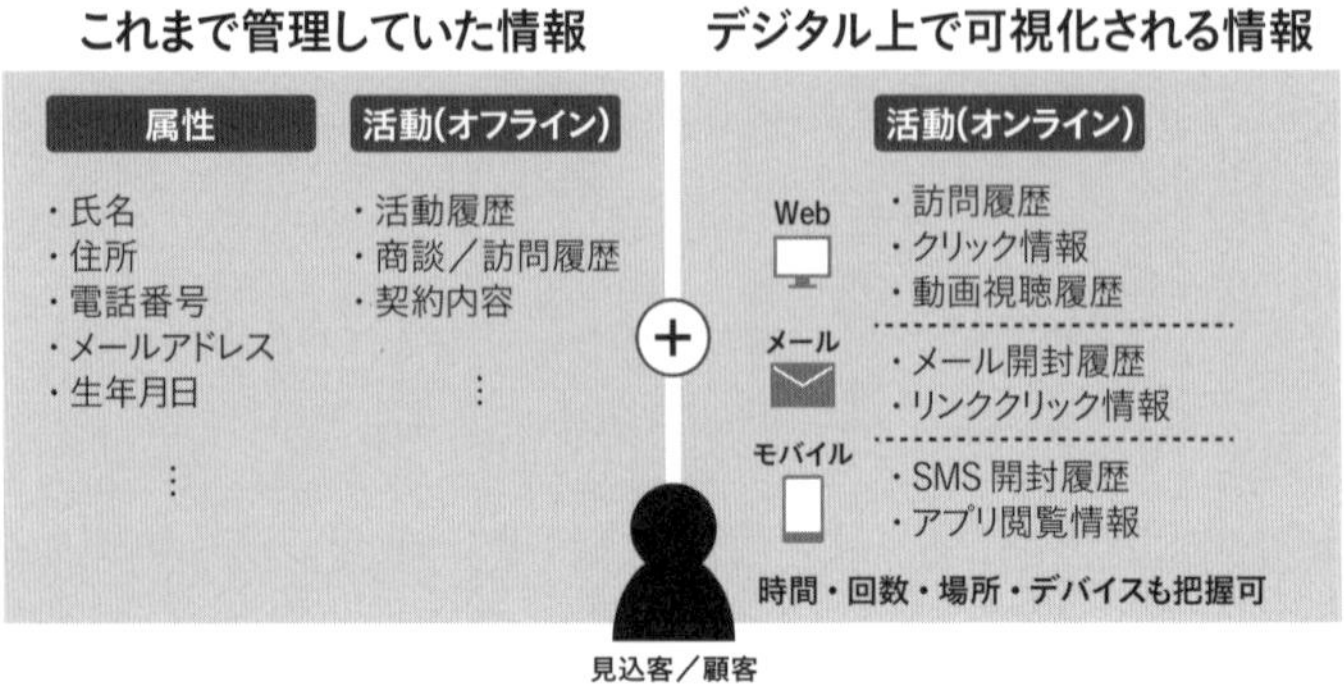

オフラインとオンラインで可視化される情報

報は変更されることもあるし、活動情報は人が入力するため、どうしても抜け漏れや主観が入ってしまう。これではその顧客のことを知るためには十分な情報とは言えない。

一方、マーケティングオートメーションを活用すれば、オンラインの行動をトラッキング可能となり、ウェブサイトの訪問履歴、クリックの情報、動画の視聴履歴、メールの開封・クリック、モバイルアプリの閲覧情報など様々な行動データを取得することができる。顧客のデジタルシフトが進めば進むほど、集まるデータが増加し、より精度の高い顧客プロファイル分析が可能となる。流入したリードを素早くフォローするだけのやり方から、一人ひとりの顧客とのエンゲージメントを高め、営業が接点を持つ前に顧客に選ばれる存在に進化するために、マーケティングオートメーションは欠かせない武器なのだ。

指標	ターゲット
受注目標	¥1,000M
商談単価	¥5M
受注件数	200
受注率	30%
商談数	666
商談化率	20%
リード件数	3,333

（M＝100万）

10億円の受注目標をどう実現するか

ビジネスの成長がもたらす変化

顧客の情報環境の変化が購買検討プロセスを変えていったように、企業においても事業が成長していく過程で起こる変化や時間軸を考慮しなければならない。

たとえば、10億円の受注目標に対して、商談単価、受注率、インサイドセールスがフォローしたリードのうち商談につながる「商談化率」などを当てはめれば、必要な商談数やリード件数を計算することができる。この表を下から上に向かって見ていくと、リードからどのくらいの商談が生まれて受注に至ると10億円が達成できるのかがわかるだろう。

これだけ見ていると、これらの指標をトラッキングして目標値の達成を意識すればうまくいくような錯覚に陥る。短期間であればうまくいくかもしれないが、決して長続きはしない。

■営業効率の改善には限界がある

SFAを導入した企業は多くの場合、商談件数の増加や受注率の向上が見られる。その理由は単純だ。導入前はスプレッドシートで管理していたり、営業の頭の中にしかなかったものの詳細が可視化され、管理できるようになる。それによって、入力の抜け漏れが減り、マネージャーなどの関係者が適切にフォローできるようになるからだ。これまで10件中2件しか受注できなかったものが、受注率が改善して3件や4件に増えたりする。しかしそれが6件、8件と増え続けるかというと、そうはいかない。百戦百勝の営業など存在しないからだ。

ソリューション提案型の商材では、一般に3割程度の受注率があれば優秀と言われる。**SFAは2割の受注率で停滞している組織を3割に引き上げることはできても、6割、7割の受注率に引き上げることはできない。**改善はどこかで必ず頭打ちのタイミングがくる。そこから売上を増やそうと思えば、営業の人数を増やすか、商談単価を上げるしかない。しかし、人数を増やそうとすると、一度改善した受注率を維持していくことが難しい。どんなに採用にこだわったとしても、常に即戦力となる人材ばかり採用できるわけではない。入社してから安定した実績を上げられるようになるには一定の期間がかかり、その間は組織全体の受注率を引き下げてしまう。また営業の人数が増えれば、そのメンバーを管理するマネージャーの育成も必要になる。退職者が出てしまえば、すぐに補充したとしても戦力としては大幅ダウンになる。

また、ビジネスの初期段階で獲得できるリードはアーリーアダプター層なので、すぐに商談につながりやすい。もともとその製品の存在を知っていて待ち望んでいたり、理解が進んでいる人が圧倒的に多いからだ。**しかし、事業の成長期にはアーリーアダプター以外にどうリーチできるかが鍵となる。**流入してくるインバウンドリードを待っているだけでは、この層を獲得することは難しい。そのため展示会に出展して、自社のことを認知していない、関心を持っていない人にノベルティなどを配布して名刺を獲得したり、自社のサービスとは直接関係のない著名人とのタイアップ企画など、様々な方法で新しいリードを獲得しようとする。しかし、量を確保しようとすればするほどサービスそのものへの関

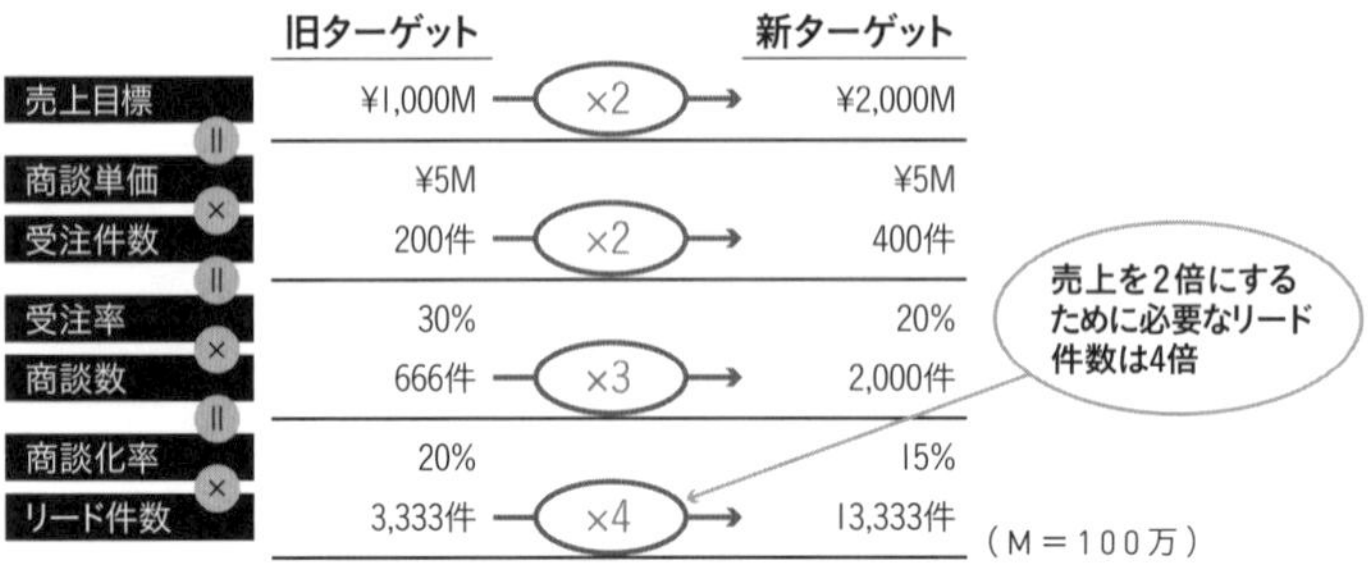

20億円の受注目標をどう実現するか

心は薄くなり、リードから商談化される率は間違いなく低下するだろう。事業が成長する過程で、量と引き換えにある程度は質を犠牲にしなければならなくなる。

このことは、ビジネスにどのような影響を与えるだろうか。この図はそれを表したものだ。受注目標が10億円から倍の20億円になったとする。商談単価を一定とした場合、必要な商談件数は単純に倍になるので、営業を相当数増やさなければならない。先ほど説明したように、組織拡大の中で全体の受注率を高い水準で維持するのは至難の業だ。少なくとも事業計画上はコンサバティブに見積もらなければならない。仮にこの数値を20%とする。リードの増大に連れて質が低下することから、商談化率も下がっていくと考えられる。

以上の仮説に立つと、受注目標が2倍なのに対して、必要なリード数はなんと4倍ということになってしまう。しかし

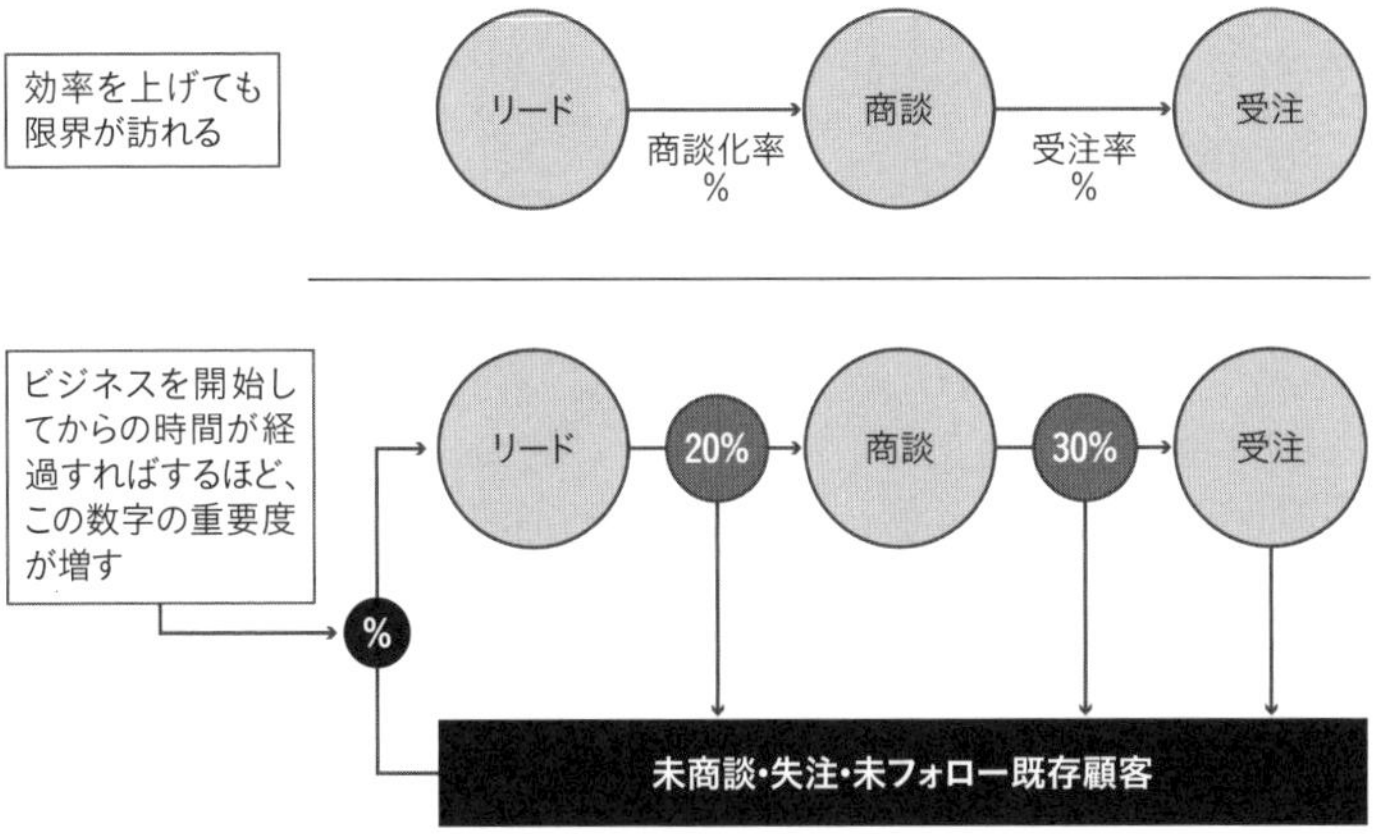

上の図では、効率を上げても限界が訪れる。そこに新たなルートを付け加えたのが下の図になる

第3章で述べたように、新規リードは必ず頭打ちになる。

パズルを解く1本の線「リサイクル」

ではどのようにして、このパラドックスを解決することができるのだろうか。先ほどのシミュレーションを別の図に置き換えて考えてみよう。

この図は上下2つに分かれている。上の図では、入り口のリード件数を増やすか、中間指標となる商談化率と受注率を上げるしか売上を上げる方法がない。

しかし、下の図のように、もう1本ルートを付け加えると解決策が見えてくる。つまり、リードから商談になる過程で「今は商談にはつながらない」と判断され、商談にならなかったリード。商談として進めたが失注したロスト商談。顧客になったがフォローが漏れているためにアップセルの機会を失っている既存顧客。これらを再度検討プロセスに戻す、つまり「リサイクル」することによって新規獲得では追いつかない、必要なリード数を補うことが可能になる。

しかもこのリサイクル対象の箱にたまっていくリードは、事業年数が経てば経つほど加速度的に増えていく。**このたった1本の新しい線を意識するかしないかで、まるでビジネスの組み立てが変わってくるのだ。**

第5章

分業の副作用

部門間の対立が生み出す「負のループ」

顧客と企業、2つの変化に続いて、もう1つの課題として**「分業の副作用」**を取り上げたい。マーケティングがリード作成、インサイドセールスが作成商談の数、営業が売上と、部門ごとにプロセスを分担して受け持ち、与えられた目標値を追う分業のメリットは、それぞれの専門性が高まって効率が上がること、どこに課題があるかが可視化されるので対策が打ちやすいことにある。しかし、うまくいっている時はいいが、ビジネスが行き詰まってくるとほころびが出やすい。そのメカニズムについて解説する。

まず、各部門に業績評価の指標を設定すると、チームのメンバーはその目標値を達成することを優先する。先ほど述べた「リサイクル」の概念を持たず、新規リードの獲得にしか目を向けていない企業では、新規リードが減少した時、マーケティング部門はあらゆる手段を使ってリード件数を確保しようとする。短期間で数を稼ごうとすると、展示会など直接自社には関心がないかもしれないが、一気に大量の名刺が確保できる施策に走りがちだ。その時、インサイドセールスはどのような行動をとるだろうか。

まず、月単位で課された商談化の件数目標を達成するために、商談化しやすいリードを優先的に探し始める。当然、過去のリードを丁寧に掘り起こすより、フレッシュな新規リードに注目する。その中でも商談になりやすいリードソース（流入経路）を優先的にフォローするだろう。たとえば、オンラインの無料トライアルサインアップやｅブックのダウンロードなどは購買意欲の高い見込客だと考えられる。一方、展示会などのリードは、来場者が情報収集のために検討をしていなくても名刺を置いていくケースが多く、すぐには商談になりにくい。結果として、無料トライアルやｅブックのリードにばかりガツガツ電話をして、展示会などのリードは後回しになっていく。

新規リードが一巡すると、ようやく過去リードのフォローを開始する。しかし、SFAを導入してリード管理している場合でも、頼りにできる情報は会社名や連絡先などの基本情報や、リードが獲得された日付、過去のメールや電話の活動履歴などのテキスト情報（これですら、まともに残っていればいいほうだ）に限られる。しかも、活動履歴などの情報はインサイドセールスや営業の担当者が入力するため、情報には主観も入るし、そもそも入力した当時とは状況が変わっているかもしれない。テキスト情報が主になるので、セグメンテーションにも活用できない。どのリードから順番にコンタクトするか、どのようにフォローするかなどの整理もやりづらい。

必然的に、インサイドセールス個人が自分が担当する過去リードにメールを送るか、昔ながらのコール先リストに片っ端から電話してアポイントを取るのと変わらないオペレーションが展開される。**これは典型的な労働集約型の仕事だ。**非効率なオペレーションで数字を増やそうとすれば、人手でカバーするしか方法はない。インサイドセールスの人数が売上の成長と共に増え続けている会社は、このパターンにはまっていないか疑ってみるべきだ。

インサイドセールスからの商談供給が減ってくると、営業は「まだ柔らかい状態でもいいからパスしてくれ」と言い始める。きっかけさえあれば、次につなげられると思うからだ。その結果、見込みの薄い顧客への訪問が多くなると、本来集中しなければならない顧客へのフォローや提案の質が低下し、営業の生産性は下がる。そのような状況を見かねた営業部門のマネージャーは、マーケティング部門に「リードが足りない」とプレッシャーをかける。そうなると最初に逆戻り。延々と負のループが続くことになる。

分業から共業へ

では、この負のループから抜け出すためにはどうしたらよいのだろうか。そのために企業における組織のあり方について振り返ってみたい。

これまで多くの企業では「機能別組織」、つまり顧客視点ではなく、社内の業務プロセス視点で作られた部門が個別最適で動くモデルだった。この時代は営業が売上の責任を一手に背負い、マーケティングとの連携は薄く、マーケティングが売上にどう貢献しているかも説明しづらい状況だった。そこにマーケティング、インサイドセールス、営業の分業体制を導入することによって、売上に至るプロセスが明確になり、どこに問題があるか可視化できるようになった一方で、それぞれの目標を追うことによる弊害が出るということは先ほど説明した通りである。

■グループに分けると、人は敵対する

理想の組織を作るためのモデルを考える時に忘れてはならないのは、そもそも人間という生き物自体が、所属するグループを分けた時点で「内と外」という判断をして敵対意識を持つということだ。

社会心理学者ムザファー・シェリフの有名な研究に「泥棒洞窟実験」がある。少年たちをサマーキャンプに連れて行って共同生活をさせる。少年たちはグループAとグループBの2つに分けられ、それぞれハイキングなどを体験し、仲間意識を高めていく。しばらく時間を置いてから、彼らに別グループが近くでサマーキャンプをしていることを知らせる。さらにグループAとBにスポーツなどの競技をさせ、成績の良いほうにトロフィーなどを与えると告げると双方に敵対感情が高まり、相手に対して攻撃的になっていった。

この関係を修復しようとして、2つのグループで一緒に花火を見たり、パーティをするなどの企画をしたが効果はなかった。

最終的に両者の関係が改善に向かったのは、AとBのグループが共同で作業せざるを得ない目標を与えた時だった。止められた飲料水の供給を取り戻す、立ち往生したトラックを協力して引っ張り出すという作業をさせたところ、多くの少年が自分たちのグループより相手のグループのメンバーを友人として選択した。

この実験が示唆するのは、**人間はグループに分けられたとたんに敵対しやすい生き物であるということ**。そして、対立する2つのグループの関係を良好なものにするためには、単に接触回数を増やしたり、コミュニケーションの内容を改善するだけではなく、**共同で作業をすることによって達成可能な共通の目標が有効だということである**。これを会社の組織に置き換えれば、分業モデルがうまくいかない理由が見えてくるだろう。各部門が異なるグループとして分断され、異なる指標を与えられ、それを追求していくミッションを与えられる。協力するより敵対的な行動をとるのはむしろ自然なことだとすら言える。

■協力せざるを得ない目標を与えよ

ジャック・ウェルチは、著書『ウィニング 勝利の経営』の中で、元リライアンス・エレクトリック会長兼CEOだったチャック・エイムスの言葉を紹介している。「会社の報酬制度を見せてくれれば、社員がどういう行動をとるか、すぐに言い当ててみせる」。チームであろうが個人であろうが、自分が何で評価されるかによって人の行動が変わるのは万国共通だ。組織の間にある見えない壁を越えるには、各部門のメンバーが共同作業で目標を達成するという意識を徹底するしかないだろう。会社組織には、利益、キャッシュフロー、株価など、追い求める指標がいくつかある。**しかし、すべての始まりは売上である。**そうであるなら、社員や各部門が売上を上げるためのプロセスをいかに正しく理解し、それに向けて共同作業をする組織づくりができるかが鍵になる。

シェリフの実験が示唆しているのは、マーケティング、営業、インサイドセールスが飲み会で仲良くなっても大した効果はないということだ。キャンプでの実験に参加した少年たちが飲料水の供給を復活させたり、ぬかるみにはまったトラックを引っ張り出したように、1つの目標に向かって一丸とならざるを得ないような共同作業が必要だ。

分業ではなく共業にシフトしていくためには、どうすればいいのか。本書の読者は、マーケティングからインサイドセールス、営業やカスタマーサクセスに至る一連の流れを「ファネル」に見立てて説明するのを見たことがあるだろう。その流れはいつも一方向である。マーケティングからインサイドセールスへリードを渡し、インサイドセールスは商談化したものを営業に引き渡す。営業は受注した商談をカスタマーサクセスに引き渡して顧客フォローが開始される。効率的なようだが、これだけでは「自分たちの仕事の範囲だけやっていればいい」となってしまう。

ここで必要なのは「逆の流れ」を作ること。カスタマーサクセスは顧客と接する中で、何に困ることが多いのかを研究し、製品開発やマーケティングメッセージに反映させる。あるいは、営業が提案活動の中で期待値の設定を誤っていないか、顧客満足を高めるためにはどのようなリソースやプログラムが必要かといった情報をフィードバックする。営業はインサイドセールスに対して、実際に訪問した時の内容をフィードバックし、インサイドセールスの商談作成時のコメントと乖離があればフィードバックする。インサイドセールスは実際にリードと会話して、顧客がコンテンツやイベントに対してどのような感想を持っているか、どのようなキャンペーンを実施すると効果的かなどをユーザーの生の声としてマーケティングにフィードバックする。こうした双方向の流れが実現した時に、売上向上という共通目標に対して共同作業をする感覚が芽生えてくるだろう。

■チーフ・レベニュー・オフィサー（CRO）がリードする時代

そしてこれらの組織を率いるには、強力なリーダーシップが必要だ。この数年、アメリカで増えつつある**「チーフ・レベニュー・オフィサー（CRO）」**という役職はその解決策になるかもしれない。これは、会社全体の売上に責任を持つ立場であり、マーケティング、営業、インサイドセールス、コンサルティング、カスタマーサクセスなど、売上を生み出すプロセスに関わるすべての部門を率いる役割だ。

よく、インサイドセールス部門は営業の下でもマーケティングの下でもなく、独立した組織として存在するべきだとか、これからはマーケティングが中心となり、チーフ・マーケティング・オフィサー（CMO）に大きな権限を持たせるべきだと言う人がいる。私にはどちらの議論もあまり意味があるとは思えない。部門が対等だとか、誰が中心になるべきという議論は顧客不在の議論だからだ。

大切なのは顧客のライフサイクル全体を俯瞰して、関連部門をどのように機能させるかだ。人を採用してカバーするのか、テクノロジーの力で自動化するのかなど、常にチューニングしながら全体最適を図る役割が必要となる。売上（レベニュー）を生み出すモデルを創造し、実践するリーダーがCROという存在である。

第6章 レベニューモデルの創造

実戦で通用するモデルとは

第2部のまとめとして、私自身がこの10数年、改善を繰り返してきた、実戦で使える「レベニューモデル」の導入について説明したい。実戦で通用するというからには概念だけでもダメ、プロセスだけでも不十分だ。**プロセスを動かすのは、最終的には人間。**いくら科学的なプロセスを導入しても、そこに介在するのが人である限り、ヒューマニティを無視しては絶対に機能しない。本書の後半で「サイエンス」であるプロセス設計と、「アート」である人の心の動きについての考察も織り交ぜながら説明しているのは、そのためだ。

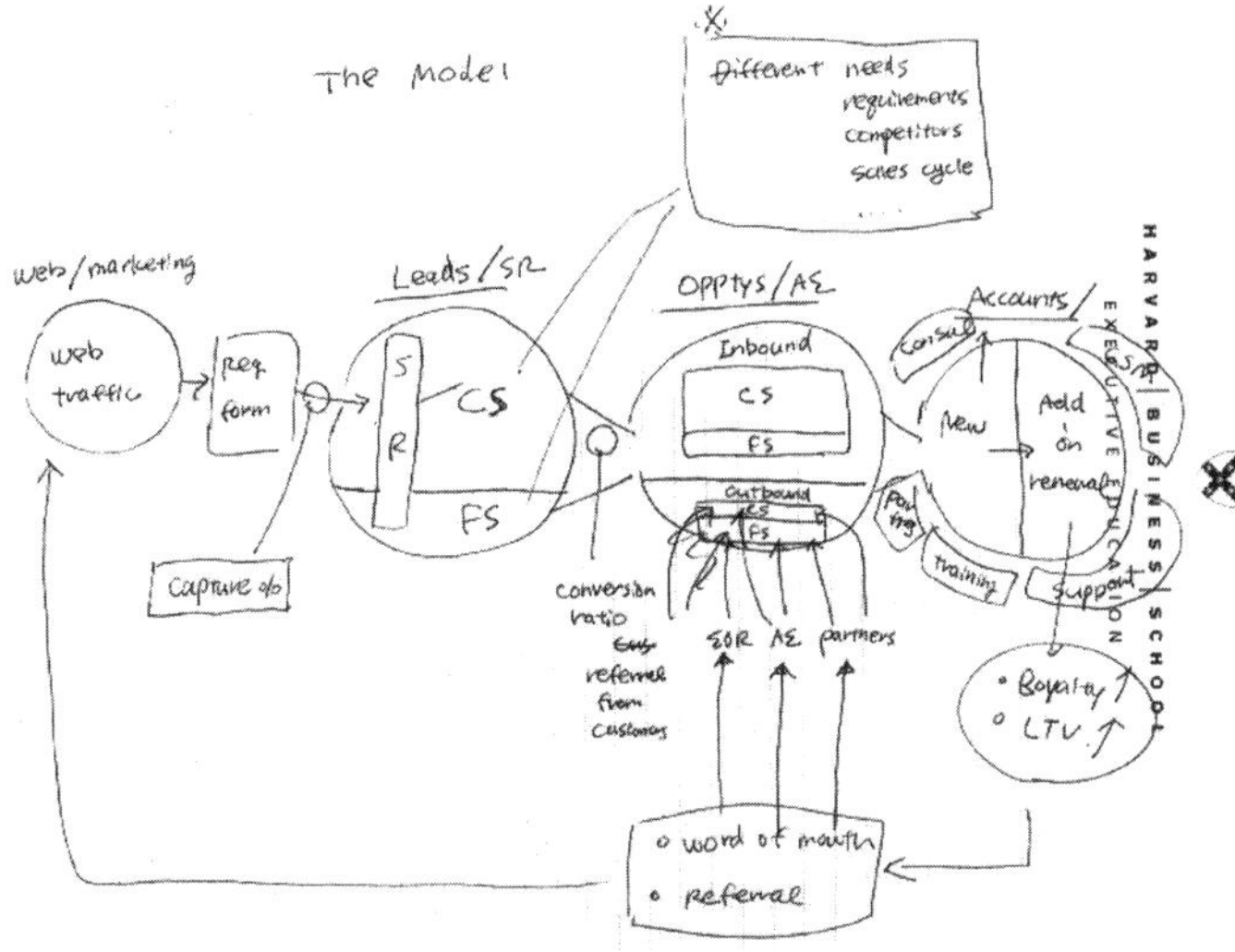

2004年当時の「レベニューモデル」

この図は２００４年、まだアメリカにいた頃に、売上を生み出すモデル全体を表現するためにはどうすればよいか、試行錯誤しながら描いたメモである。左から右に向かって説明していこう。

左端にある円は、ウェブサイトを中心としたマーケティングを表している。ウェブへのトラフィックを最大化し、フォーム入力によりリードを獲得する。入ってきたリードはインサイドセールスが担当する。このリードから商談につながり、ＡＥ（営業）が担当する。ここではインサイドセールスからパスされるインバウンド商談もあれば、営業、代理店、アウトバウンドのインサイドセールスが発掘したものも含まれる。そして顧客になった後は、左側の半円の新規がアップセル、クロスセルへ進む。この顧客を成功させるために、コンサルティング、カスタマーサクセス、カスタマーサポート、トレーニングなどの提供によってロイヤルティを高めていき、結果としてLTVが向上するという仕掛けだ。

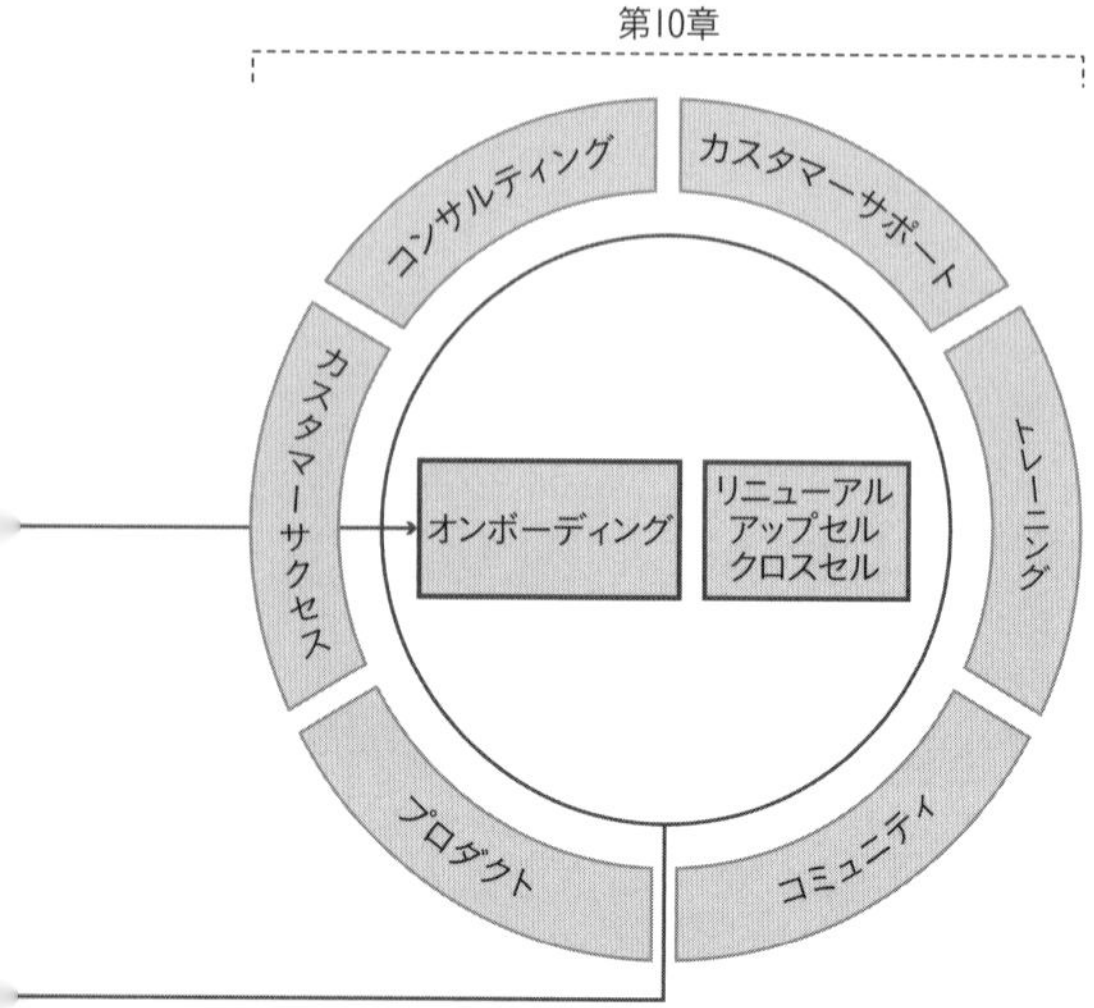

図中の章番号はそのプロセスを解説している章を表す

ロイヤルティが上がればクチコミや紹介が増えていき、再び入り口のウェブトラフィック、または直接商談に戻って、雪だるまのようにビジネスが大きくなるということを表した図である。

最新の「レベニューモデル」

2004年当時の手書きのメモをもとに現在の状況を踏まえ、発展形として作成したのが上の図だ。これは、CROが

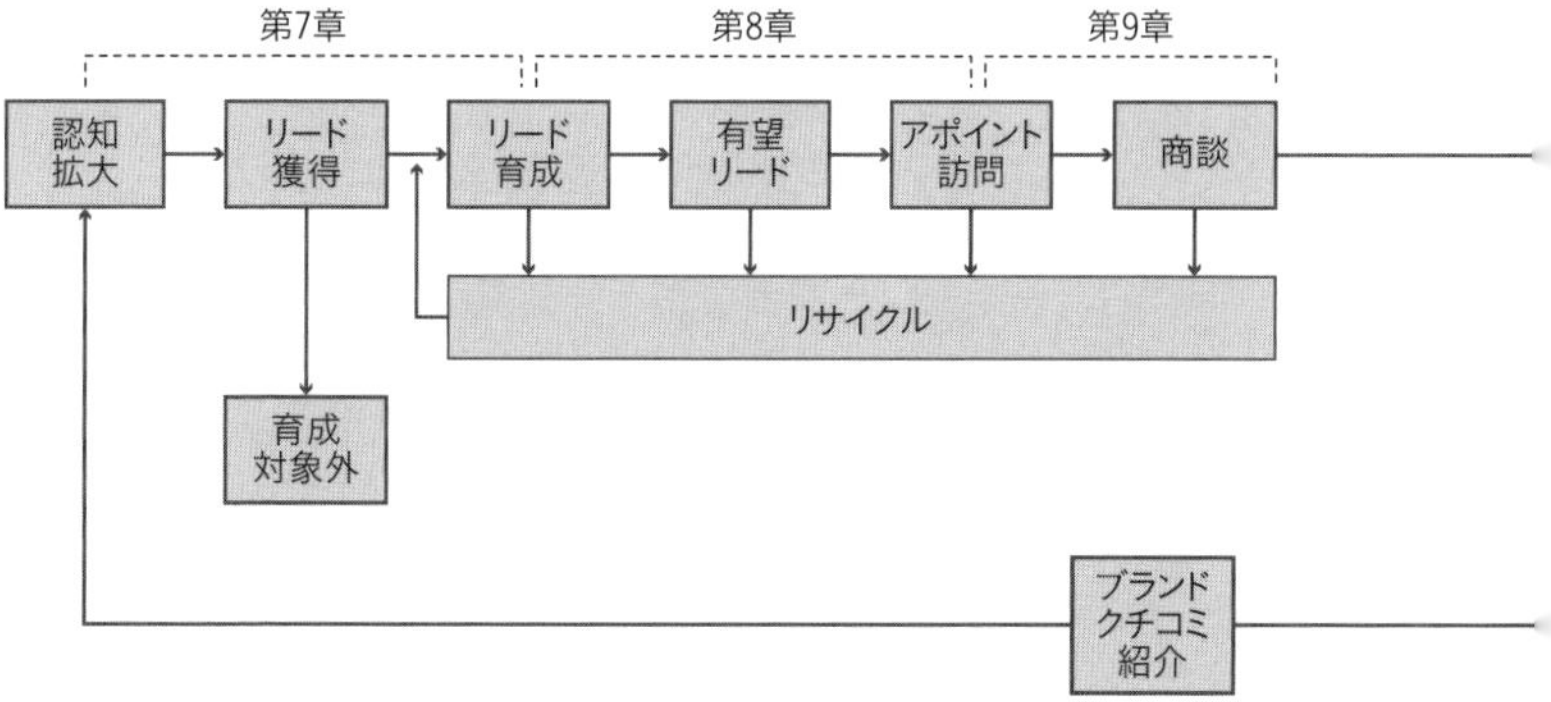

2004年の「レベニューモデル」を発展させたプロセスの全体像（2018年作成）。

カバーする**「レベニューモデル」**全体を表している。

まず、ターゲット市場に対して**「認知拡大」**するところから始まる。マーケティングの入り口は必ずしもウェブサイトだけではない。フォーム入力や名刺の獲得などを通じてコンタクト情報を取得すると、**「リード獲得」**のステージに移る。ここから**「リード育成」**と**「育成対象外」**のステージに分かれる。せっかくリード獲得できたものは、すべて等しくフォローしなければと考えがちだが、ターゲットから外れるものに関してはパワーを割いてはいけない。情報提供を通じて育成されたリードは、リードスコアリングやインサイドセールスによって、商談につながるかどうかのクオリフィケーション（マーケティング・インサイドセールス・営業の各部門で合意した基準による検品作業）が行われ、**「有望リード」**に絞り込まれる。

その後、実際に営業が**「アポイント・訪問」**を実施し、クオリフィケーションが正しいことを確認して**「商談」**のステージに移る。受注後の顧客ステージは右側の円で表現されている。契約後は**「オンボーディング」**と呼ばれるサービス提供や活用のフェーズに入る。顧客になってからは、コンサルティング、カスタマーサポート、トレーニング、コミュニティ、カスタマーサクセスなどが一体となって顧客体験を支えていく。

ここではＩＴサービス、特にＳａａＳのビジネスを意識した部門をリストアップしているが、ＳａａＳの利点は製品・サービスそのものが顧客接点になるという点だ。そのユーザーの活用状況がトラッキングできるため、顧客の解約リスクなどを検知するといったヘルスチェックにも活用できる。そこで満足度が高まった顧客は契約更新や**「アップセル・クロスセル」**につながり、アドボケーターとなるロイヤルカスタマーがその会社のブランディングにつながる評判をクチコミで伝え、それが新しいリードや市場への認知に貢献してくれる。

そして、2004年当時の手書きのメモにはなかった、最も重要なパーツが**「リサイクル」**だ。「リード育成」から「有望リード」へのクオリフィケーションで落ちてしまったもの、アポイントに至らなかったもの、商談まで進んだが失注したものなどをすべて「リサイクル」というステージに格納し、再度検討プロセスに戻してあげる。直線型ではなく、このような循環型のモデルを構築することができれば、ビジネスは雪だるまのように成長していくだろう。

顧客ステージの設計

この図を実際のオペレーションに活かすために重要なのが**「顧客ステージ設計」**である。工場の生産現場では、各工程における在庫状況やリードタイムなど様々な指標を測定し、可視化している。そして、その情報をもとに適切な人員配置が行われ、各工程の担当者が業務を実行し、全体監督者がボトルネックを分析して最適化を行う。これと同じ考え方を先ほどの図に適用すれば、全体のスループットを最大化することができるはずだ。

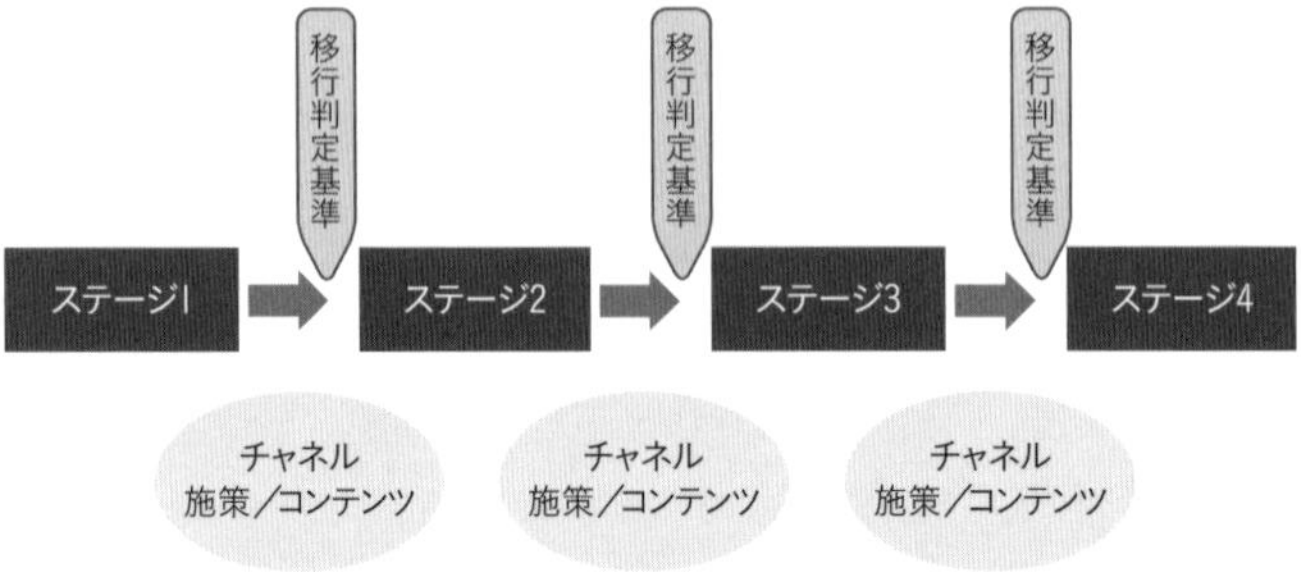

顧客ステージの変遷と「チャネル」「施策・コンテンツ」「移行判定基準」

顧客ステージを設定するうえで重要な概念が3つある。それが**「チャネル」「施策・コンテンツ」「移行判定基準」**である。

顧客をステージから次のステージへと動かす目的で行われるのが、企業と顧客のコミュニケーションである。コミュニケーションとは、伝えたいメッセージを「コンテンツ」化し、オンライン・オフラインを問わず様々な「チャネル」を通じて行われる。この過程でデジタルな「チャネル」を通じて顧客のデータを収集し、よりパーソナライズしたコミュニケーションを行う。また、そのデータを活かして、現在顧客がどのステージにいるかを判断する。そのために、顧客が次のステージに移行したことを判定する客観的な「移行判定基準」が必要となる。

本書における「プロセス」とは、この顧客ステージの遷移を的確に進めるために、複数の部門が連携して、どのように顧客ステージを管理し、適切にアプローチしていくかのルールをまとめたものだ。

第3部ではこれらのステージを支える「マーケティング」「インサイドセールス」「営業」「カスタマーサクセス」の4つの役割について解説する。

第 3 部

プロセス

第7章 マーケティング

マーケティング部門は「オーケストラの指揮者」

オンラインでの顧客行動が増えると同時に、顧客は様々なチャネルを自由に行き来している。ウェブサイト、ソーシャルメディア、メール、モバイルアプリなどのオンラインのチャネルに加えて、営業担当者との商談、コールセンター、店舗、ＤＭなど従来型のオフラインのチャネルも存在する。そのような環境でマーケティングが担う役割は、オーケストラの指揮者にたとえることができるだろう。

従来、マーケティング部門は「商談を作るまで」が役割とされていた。しかし、現在ではカスタマージャーニー全体をサポートする役割に変わりつつある。ウェブサイトやメール、ソーシャル、モバイルなどの各チャネルのマーケティング担当者がバラバラに顧客とコミュニケーションを取ることは、オーケストラの演奏者がそれぞれ自己主張して、奏でる音楽を台無しにしてしまうのと同じだ。聴いている人にとって心地いい音楽を奏でるために、**マーケティング部門が指揮者として施策をオーガナイズする必要がある。**商談前のリードから、商談中の見込客、購入後まで、あらゆる顧客ステージにおけるコミュニケーションの指揮者としてマーケティングは機能しなければならない。

オンラインの情報が圧倒的な勢いで増え、チャネルが多様化する中で、企業内の担当者は営業と接点を持つ前に情報収集の大半を終えている。これは企業にとって、大きなチャレンジだ。企業は一度も接点を持てぬまま、商談の場にすら立てないということが起こり得るからだ。これまでは、ウェブサイトのフォーム入力や、展示会で集めた名刺から得られる会社名、役職、メールアドレスなどの属性情報をもとに営業が手作業でフォローするしかなかった。しかし、マーケティングオートメーション（ＭＡ）が登場してからはそれらの属性情報だけでなく、ウェブサイトへのアクセスやメールの開封・クリックなどオンラインチャネルの行動情報をトラッキングできるようになった。

最も大きな変化が起きているのは、**マーケティングコミュニケーション**だろう。フォームに入力する前の匿名状態で、どのようなコンテンツを見てからフォームに入力したのか。ウェビナーを視聴した後、どのくらいの頻度でウェブサイトを閲覧しているかなど、匿名状態も含めて顧客行動とその文脈を把握することができる。これは、見込客が関心を持つ内容、興味の度合いなどを推測するための情報が格段に増えることを意味する。インサイドセールスや営業が相手にコンタクトする時も、事前の予備知識が増えるため会話もスムーズに運びやすい。また、人間がフォローしていなくても、MAが関心のありそうな情報を選び、パーソナライズして見込客に提供してくれる。

MAは「マーケティングの自動化」というより、「24時間365日休まず働いてくれる有能なマーケティングと営業のサポート部隊」というほうが適切かもしれない。マーケティング部門がカバーする範囲は拡大し、チャネルや施策も多様化しているが、それらに対応できるのは、MAというデータを活用したプラットフォームが登場したからだと言える。

MAの活用によって、コンテンツを提供する方法も変化した。ひと昔前は、無料トライアル、事例集、デモ動画など、なんらかの資料を見たいと思ったら必ずフォームへの情報入力を要求された。「何か情報がほしければ、あなたの連絡先を教えてください」という

検討ステージ	検討初期	検討中期	検討後期
目的	今後の商品/技術などの方向性を示し、ブランド認知を高める	比較検討に役立つようなコンテンツを提供し、バイヤーを支援する	自社の差別化要因を明確にし、最終的な評価/選定を促す
提供コンテンツ(例)	・市場リサーチデータ ・業界トレンド ・自社の紹介 ・製品ラインアップの紹介 ・ソリューション紹介動画	・購入ガイド ・検討チェックポイント(機能表) ・入札仕様書(RFPテンプレート) ・簡易価格表 ・設置/導入シミュレーション ・ウェビナー(質疑応答の場)	・見積シミュレーション ・製品デモ/実機レンタル申込み ・アフターサービスのメニュー紹介 ・第三者のレビュー記事 ・顧客事例
個人ID取得	なし	あり	場合に応じてあり

コンテンツマーケティングにおけるベストプラクティス

やり方である。これは、検討段階において企業に主導権がある状態だ。しかし、オンラインで製品や業界の情報があふれる現在、情報の収集と選択の主導権は顧客に移っている。**もはや自社のウェブサイトに訪れた見込客に対して、門を閉ざすような情報提供では立ち行かなくなる。**現在ではある程度の情報は公開していきながら、より詳しい情報を求める時にはフォーム入力を求めるというように、ステージに応じて、中身を分けて提供していくやり方が主流になっている。それを表したのが上の図である。

ここでは、見込客の検討ステージを初期・中期・後期に分け、それぞれ企業側がどう対応すべきか、そのためにどんなコンテンツを提供すればよいのかもまとめている。匿名状態でもサイト上の行動はトラッキング可能なので、検討初期では無理にコンタクト情報を取得することなくコンテンツを見てもらう。次に、検討が具体化した時に見るであろうコンテンツについてはフォーム入力を要求し、確実にコンタクトできるようにする。この時点で、その人が検討初期にどのようなコンテンツを見ていたかの情報も結合すると、見込客の関心についてより深いインサイトが得られる。検討後期のコンテンツについては、すでにコンタクト情報を取得していれば再度フォーム入力を求める必要はないが、最初から購入意欲が高く、いきなりこのステージのコンテンツを見ることもあり得るので、ケースバイケースでフォーム入力を求めるようにする。企業側は自社のコンテンツを整理し、どのような検討ステージの見込客がそれを必要としているのかを考慮して、パーソナライズした情報を提供する仕組みを用意する必要がある。

マーケティングのステージ設計

ステージ設計のポイントは「測定可能にすること」と説明したが、これまでのマーケ

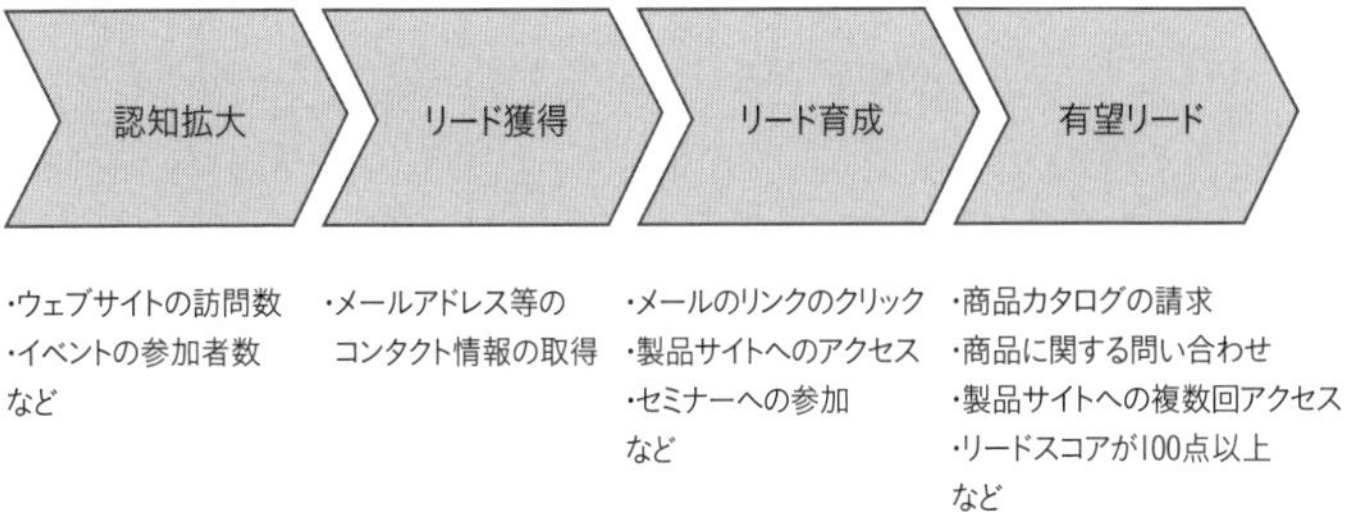

マーケティングのステージ設計

ティングにおけるチャレンジは、まさに「測定しづらいこと」にあった。たとえば「購買興味」というステージを設定して、「製品を購買することに興味がある状態」と定義したとしても、測定できなければ意味がない。肝心なのは、**見込客が確実にそのステージにいることを判定する客観的な指標を得ること**。それができれば、感覚でなく、今どのステージにどれだけの見込客がいるのかを把握できる。上の図はその一例だ。

たとえばメールアドレスなどのコンタクト情報を取得できれば、**「リード獲得」**のステージへ。その中でメールのリンクをクリック、製品サイトへのアクセスなどなんらかの反応を示した場合は**「リード育成」**のステージへ。さらにカタログ請求や直接の問い合わせ、リードスコアが100点以上（リードスコアについては第8章参照）を**「有望リード」**とみなすといった具合だ。そのようなレベルで本当に顧客の検討ステージを測れると言えるのかという疑問はあるだろう。もちろん完璧なロジックや数字の分析ができればよいが、サイト上で同じ行動をとった人がいたとしても意図はまったく異なる可能性がある。ただ、そこで完璧さを求めて前に進まないよりは、見るべきものを決めて定点観測するほうがはるかに得られるものが多い。まずは一度基準を作り、定点観測するところからスタートしてほしい。

また、見込客はステージを1つずつ順番に進んでいくとは限らない。たとえば、明確にターゲットとしている企業が自社イベントに参加した場合、「リード育成」のプロセスを経る必要はなく、すぐに営業がアポイントを取って面談するだろう。あるいは、すでに競合他社との比較を進めている場合、最初から具体的に見積がほしいと言ってくるケースもある。このような場合は途中のステージを飛ばして、いきなり「有望リード」として商談化のプロセスに入る。このようにステージを飛ばすルートを**「ファストパス」**と呼ぶ。

また、インサイドセールスが会話をしたものの、すぐには商談にならなかったリードや、営業が失注してしまった商談は日々蓄積されていく。これまでのマーケティングファネルのモデルではそれらを管理する概念がなかったが、実はこれらをどうフォローするかが今後のマーケティングの成否を分ける鍵になる。私が考えるモデルでは、それらを再度

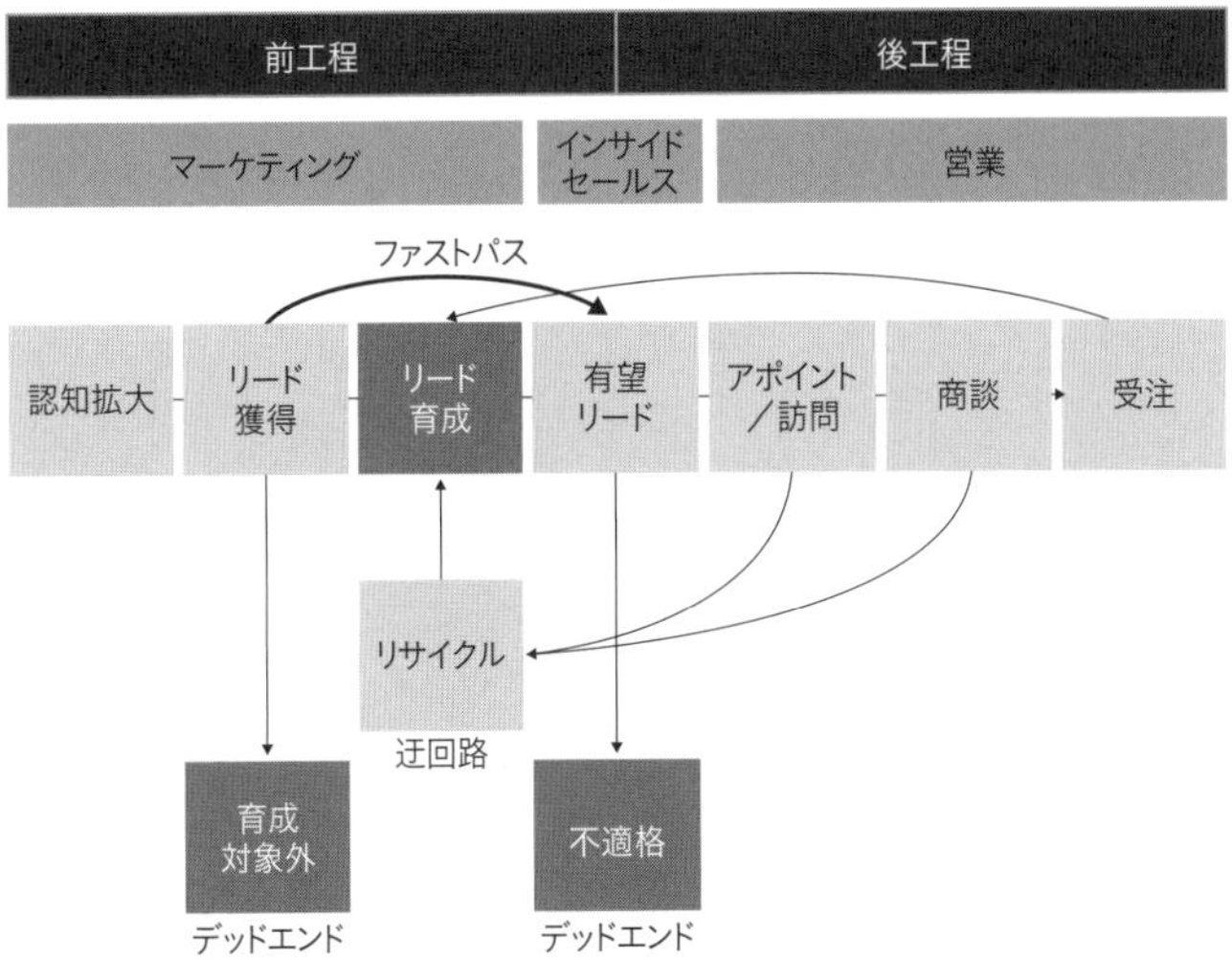

ファストパス、リサイクルのルートなどを加えた全体プロセスと担当部門

マーケティングの対象とするために迂回路を作り、再度リード育成のプロセスに戻す道を作っている。**「リードをリサイクルする」**という考え方だ。

たとえば営業が商談化したけれど、当面検討が進まないことがわかっている場合には、一度リサイクルの箱に入れて、プールしておく。「当分検討は中止します」という顧客には、一定期間メール配信を止める。商談で検討中止を告げられたのに、その翌日からまたメール配信がなされたら鬱陶しいと思われても仕方がないからだ。逆に、一度失注した企業から数か月後に頻繁にウェブサイトへのアクセスがあれば、すぐに営業に通知してフォローしない手はない。

また、自社製品やサービスを購買する可能性がない学生、競合、退職者などのリードデータは「マーケティング対象のリード」とは明確に切り分けたほうがいい。これらのリードは**「育成対象外」**というステージに移行し、リサイクルするのではなく、そこで終わりにする。このようなステージを**「デッドエンド」**と呼ぶ。

実際にこれらを管理する時には、左ページの表のような形でステージごとのフローと残高を管理する。**「フロー」**とは各ステージを通過した件数。**「残高」**は各ステージに滞留している件数を表す。新規リードを1万件獲得したとして、「リード育成」へ進むのが70%の場合は7000件。「育成対象外」が10%で1000件が「デッドエンド」に。差し引き2000件は「リード獲得」に残高として2000件残る。同じように、次のステージに進む確率をCVR（コンバージョンレート）とし、フローと残高を確認していく。

ポイントは**「迂回路」**である「アポイント／訪問」や「商談」から前に進まなかったものが「リサイクル」に落ちてくる。リサイクル（A）とリサイクル（B）のCVRを改善すればするほど「リード育成」に戻せるリードが増える。しかも、このリードは基本的に獲得コストがかからない。

概念だけを表したファネルの図よりも、はるかに実践的な内容になっていることが理解

成功パス	リード獲得	CVR	リード育成	CVR	有望リード	CVR	アポイント／訪問	CVR	商談	CVR	受注
フロー	10,000	70%	7,000	20%	1,400	50%	700	50%	350	50%	175
残高	2,000		6,125		560		350		175		175

迂回路			リサイクル(A)+(B)				リサイクル(A)	CVR	リサイクル(B)	CVR	
フロー			525				350	50%	175	50%	

デッドエンド	育成対象外	CVR			不適格	CVR					
残高	1,000	10%			140	10%					

プロセスごとに見るべき「フロー」と「残高」

してもらえるだろう。実際のビジネスで、ウェブサイトの訪問者数とフォーム入力によるリードだけを見ていても、まったく参考にならない。迂回路とデッドエンドも含めたステージを定義し、単月のフローの数字ではなく、残高を見るようにすれば、どこにボトルネックがあるか、どこをテコ入れするのが最も売上に反映しやすいのかが手に取るようにわかる。

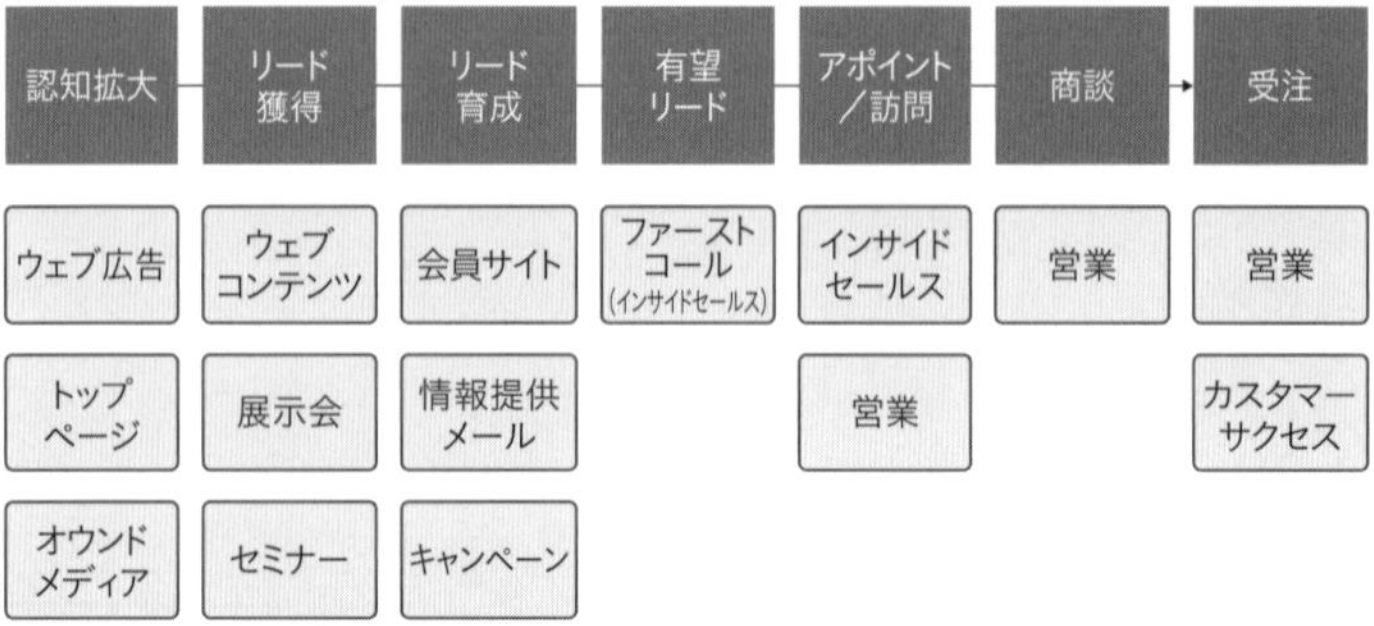

顧客ステージごとの有効なチャネル

マーケティングコミュニケーションの役割

マーケティング部門はリードを獲得しなければならないといったプレッシャーなどから、セミナーを開催しよう、デジタル広告を打とう、新しいキャンペーンを実施しよう、というように施策から考えてしまいがちだが、これは順序が逆だ。**マーケティングコミュニケーションの目的は、見込客を次のステージに進めることである。**顧客ステージを定義した後に、次のステージへ動かすためには、どのようなチャネルが有効なのかを考えるのが正しい順序である。

まずは上の図のように、ステージごとに有効なチャネルをマッピングしておく。マッピングできたら、施策の実行だ。セミナーというチャネルひとつとっても、事前の案内、申し込み、参加、不参加、セミナー実施後のフォローアップというプロセスに分解される。どのセグメントに案内を行い、それぞれどのステージまで進んだのかを計測する。また、セミナー案内のメール、参加リマインドのメール、フォームでの登録などのコンバージョンを調べることによって、その施策の効果が検証できる。このように顧客ステージ、チャネル、施策の関係が理解できるとマーケティングを可視化するイメージが湧き、どこから手をつければよいかがはっきりわかるようになる。

マーケティングの評価指標

マーケティング部門が見るべき指標（KPI）の本は山ほど出ている。インサイドセールス、営業、カスタマーサクセスといった他部門と比較しても、マーケティングはデジタル化が最も進んでいて取得できるデータが増えているため、指標の数は圧倒的に多い。しかし、いまだに「マーケティング部門の売上に対する貢献が見えない」と言われてしまう

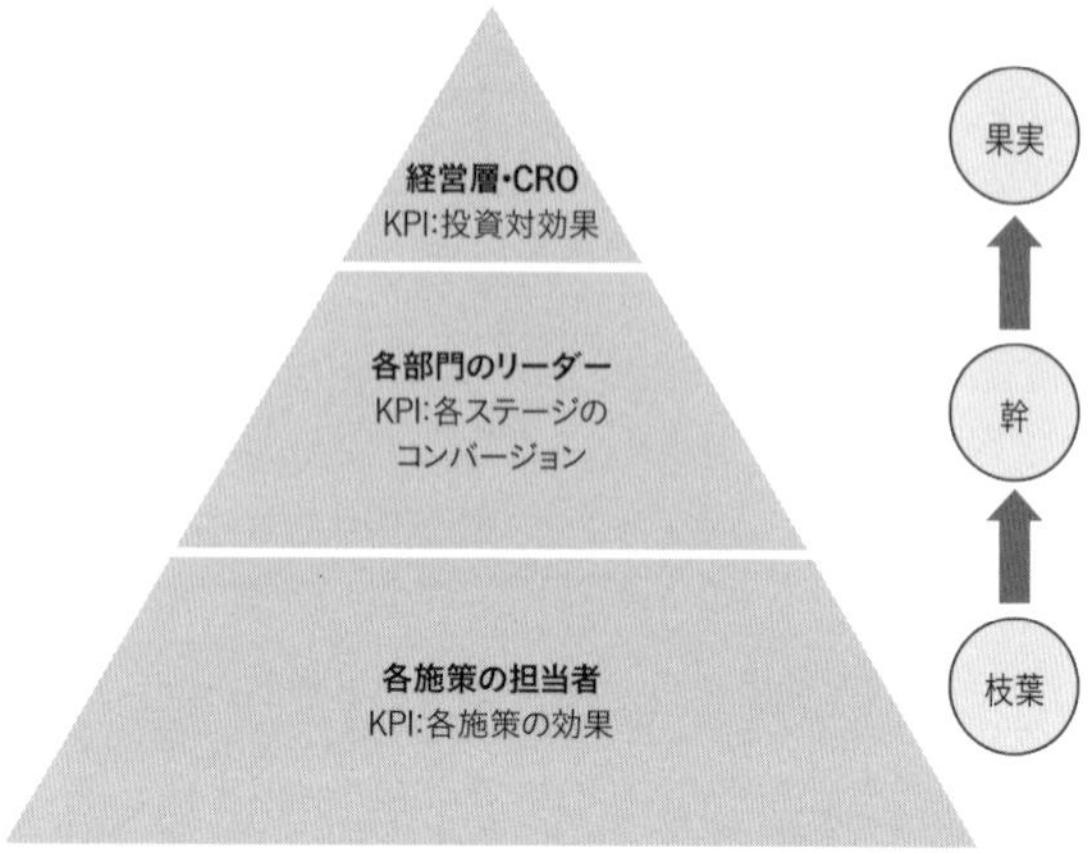

各階層ごとに見るべき指標を整理する

のはなぜなのだろう。

理由の1つは、ここまで説明してきた「顧客ステージの設計」という概念がないまま、施策のみに走ってしまっていること。もう1つ考えられるのは、現場の担当者目線での指標をもとに経営層に説明しようとするからだろう。担当者はクリック率や施策のコンバージョンなどについて、こう数値が改善した、このような効果が出たと説明しがちだ。しかし、経営陣からすれば、それらがどう売上につながるのかがわからない。そのため、マーケティング部門が数字遊びをしているように思えてしまう。一方、現場の担当者は経営視点を持たないために、自分たちのやっていることが理解されないと考えてしまう。

こうした不幸な状態を回避するためには、ステージ、チャネル、施策の概念を整理し、経営層、各部門長クラス、担当者のそれぞれが、どの指標を見るべきかを整理することが重要だ。

第8章

インサイドセールス

労働集約型からインテリジェンス集団へ

ここ数年、インサイドセールスへの注目がさらに高まっているが、そのことはマーケティングオートメーション（MA）の普及と密接な関連がある。MAの登場により、インサイドセールスの仕事は飛躍的に高度なものに進化しているからだ。

SFAを導入する企業が増えていくと、流入した新規リードをリードソース別に分類し、商談化率が高いリードソースのものから優先的に電話する。商談になる可能性が高いものは営業へ渡され、しばらく時間がかかりそうなものは「仕掛中《しかかり》」、当面見込みがないものは「リサイクル」としてステージ管理することにより、人為的なフォローの抜けや漏れが減って一定の効果が出始める。しかし、インサイドセールスから見ると、それらは単なるコールリストの域を出ないものだ。

そもそもインサイドセールスの仕事は時間が限定される。リードにコンタクトするのに、早朝や深夜に連絡するわけにはいかないからだ。常識的な範囲としては、朝9時から夕方6時くらいまでと考えるべきだろう。そのうち昼食の時間も避けるとすると、1日8時間、週5日という時間的制約の中で最大限の成果を出さなければならない。営業であれば、件数を追わずとも金額の大きな商談を受注することでカバーできるが、インサイドセールスはそうはいかない。金額をコントロールするのは営業なので、数を重視するしかない。1件当たりにかける時間を30分と仮定すると、1週間で8時間×5日×2の80コマをどう使うかというタイムマネジメントの勝負になる。つまり、**どれだけ業務効率を上げられるかが成果に直結するのがインサイドセールス**なのだ。

ではMAが登場して、インサイドセールスはどう変わったのか。いくつかの観点から見ていこう。

■リードスコアリングでフォローの優先順位をつける

MAが提供する代表的な機能の1つに**「リードスコアリング」**がある。リード全体の中で、インサイドセールスや営業がフォローすべき基準を満たすリードを選別する仕組みで、工場の製造工程で言えば「検品」と似た意味合いを持つ。つまり、一定の基準を満たしたものだけを次の工程に引き渡し、後工程の作業効率を高めるという手法だ。リードスコアリングは以下の2つの観点から行う。

・属性スコア：企業規模、業種、役職など属性情報によるスコアリング（理想的なターゲット）
・行動スコア：ウェブサイトへのアクセス、コンテンツのダウンロードなど行動情報によるスコアリング（購買意欲）

たとえば、売上1000億円以上の企業はプラス10点。製造、通信、ハイテクに関してはプラス5点、部長以上はプラス10点。ウェブサイトへのアクセスはプラス1点。セミナーに登録しただけならプラス5点、当日出席したらプラス10点。３か月間、ウェブアクセスもメール開封もなしならマイナス10点という形で属性や行動に重み付けをしていく。

リードスコアリングを導入する際、行動スコアの重み付けをどうするかを気にする人が多いが、それ以前に**属性スコアの精度を高めることのほうがはるかに重要だ。**ウェブサイトに何度もアクセスして製品情報をくまなく見ていても、そもそもターゲット企業でなければ時間を費やすべきではないからだ。インバウンドで入ってくるリードはどれも無駄にできないと考えて、つい等しく力をかけてしまうものだが、どの企業にもターゲットにしている企業・業種があれば、自社製品がマッチしない業種も存在する。属性スコアでその絞り込みを行った後、行動スコアで購買意欲が高まったものを検知し、インサイドセールスや営業にパスするための仕組みがリードスコアリングだ。

誤解されることが多いが、スコアの絶対値はそれほど重要ではない。たとえば１００点の人と60点の人がいた時、１００点の人のほうが購買意欲が高いとは言い切れない。スコアリング本来の目的は、日々蓄積されて人間ではフォローしきれない大量のリードの中から、優先的にフォローすべき対象を見つけることであり、**絶対値ではなく閾値の設定が鍵になる。**たとえば50点を閾値に設定して、それを超えるものは一定の購買意欲があるとみなすという考え方だ。このスコアの閾値を超えたものをレベニューモデルにおける「有望リード」と設定し、インサイドセールスが優先的にフォローする対象にする。

スコアリングを設定する時のポイントは「こういう行動をとる人は購買意欲が高いとみなせる」という逆算思考だ。「無料トライアルへの登録」「見積依頼」などは購買意欲が高いことが想像できる。もう一歩突っ込んで、その行動を起こす予備軍の行動がわかれば、その対象をいち早くフォローすることで競合に一歩先行できる。

■リードフォローのタイミング設定を自動化する

MAによって、リードフォローのタイミングを設定し、アプローチを自動化することもできる。リードが登録されたらすぐに電話をしたくなるのが人情だが、相手に嫌がられることも多い。提供しているのがeブックであれば、ダウンロードは業務時間に行うが、読むのはゆっくり時間がある時にという人も多いだろうから、最初のコンタクトまでは3日くらい間を置く。無料トライアルなら一通り試してみるのに1週間くらいかかるかもしれない。一方、セミナー参加者であれば、忘れないうちに翌日すぐにでも感想を聞いてフォローするほうがよいだろう。

このようにリードソースごとにフォローのタイミングを設定して、インサイドセールスのフォロー対象リストに自動的にセットされると業務効率が格段に上がる。

■事前情報をもとに会話ができる

作業負担が軽減された分、インサイドセールスは個々のリードの事前調査に時間を割くことが可能になる。

これまでは氏名、役職、部門名などの属性情報しかわからなかったのが、ウェブサイト内のどのコンテンツをいつ閲覧したのかといった行動情報が把握できるので、何に興味を持っているかなどがわかった状態で会話できる。ある製品の仕様についてのページを何度も確認しているリードであれば、事前に該当製品の知識を仕入れておく。競合製品との強み弱みを頭に入れて会話することによって、初対面の相手でも会話をスムーズに進めることができる。また、メールの開封やウェブの閲覧をアラート設定することにより、相手がオンラインになっているか、どんなアクションを起こしたかがわかるので、電話をかけた時につながる確率が飛躍的に高まるだろう。

■リサイクルリードの定期的な掘り起こし

将来検討の可能性はあるが、購入は今ではないというリードは新規リード全体の65%に上るという話をしたが、インサイドセールスが成果を出すためには、この65%をどれだけ商談化できるかにかかっている。1か月後にまた関心を持ってくれるかもしれないし、半年後か1年後かもしれない。増えていくアーカイブリードに対してこまめに1件ずつフォローすることは不可能だが、一括配信のメルマガでは反応してくれない。インサイドセールスの個別対応だけでは個人差が出るし、貴重な80コマを使うには確率が悪すぎる。

MAでは「検討が半年先」「予算がない」「ヒアリングしたがそもそもニーズらしきものがなかった」など理由を分類してリサイクルに回すと、理由に合わせて適切なコンテンツが配信され、リードスコアが上がってくると再度フォローリストに追加されるという仕組みが構築できる。インサイドセールスは、MAの登場で労働集約型の部門から生産性の高

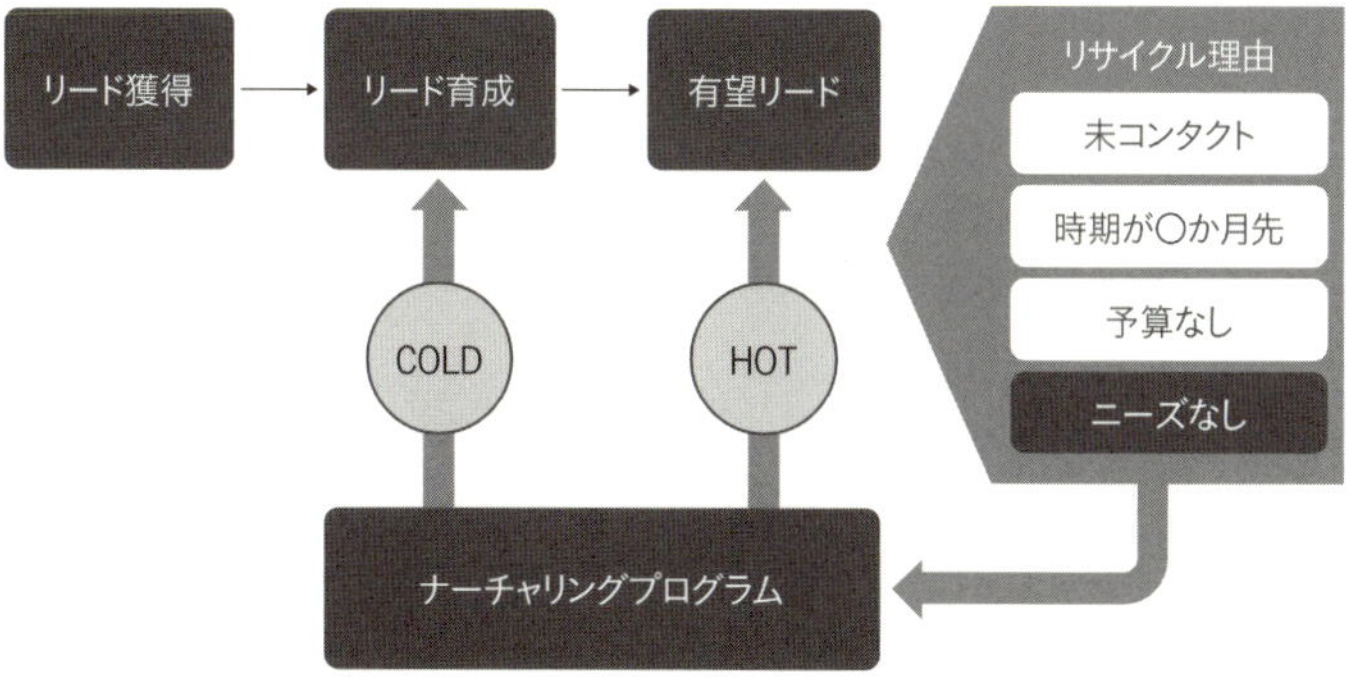

リサイクル理由に合わせたナーチャリング（リード育成）の自動化

いインテリジェントな部門へ変貌を遂げようとしている。

インサイドセールスのステージ設計

では、インサイドセールスはどのようにリードを管理するのだろうか。マネジメントの立場からは細かく管理したいという欲求に駆られるが、細かく管理しようとすればするほど現場の負担が高まり、インサイドセールスのデータ更新の精度が落ちていく。そのため、必要最低限のステータス管理にとどめるほうがいい。次の表は、インサイドセールスが管理するリードステージ（Touch Stage）の定義、アクション、移行判定基準をまとめたものだ。

リードステージ管理をすることには、３つのメリットがある。

・フォローの順番が決めやすい
・ステージごとに話す内容が絞れるため準備がしやすい
・インサイドセールスの負荷分散がしやすい

順番に見ていこう。インサイドセールスは最初に「New」のリードに電話して、一通り終わったら「Untouched」にかける。その後「Recycle」にかけるといった具合に作業を進める。**個別のリードではなく、リードのステージというかたまりで考えるとフォローの優先順位がつけやすくなる。**

2点目は、ステージごとにグルーピングすることによって、話す内容の的が絞れて準備しやすくなるということだ。新規のリードに対するトークと、「当面検討しません」と言われた人を数か月後にフォローする場合のトークでは、その内容がガラッと変わる。同じ対象にまとめてかけるほうがリズムが生まれ、生産性が上がる。

3点目として、ステージ管理をすることによって、インサイドセールスがキャパシティオーバーしていないかが一目瞭然となる。新規のアサインは均等にバランスしていても、「Working-Untouched」や「Working-Connected」などがどんどんたまっていく人もいれ

Touch Stage	New	Working-Untouched	Working-Connected	Convert	Recycle	Archive
定義	リードが割当てられてからまったくアプローチしていない状態。 リードの割当てから〇日間ステージ変更がない場合は割当先変更が行われる	電話とメールのセットでアプローチしているが、担当者につながっていない状態	担当者に直接連絡が取れており、商談に向けヒアリングとディスカッションをしている状態	営業に訪問/アポイントとしてパスする状態	担当者に〇回以上アクションを繰り返しても連絡が取れない場合や商談につながらなかった状態	担当者に直接連絡が取れたが、競合や学生など今後もアプローチする可能性がない状態
アクション	電話＋メール	電話＋メール	電話＋メール	商談作成と営業へ共有	Recycle 理由別シナリオメール	なし
移行判定基準	担当者と直接連絡が取れた場合は、Working-Connectedへ遷移 取れなかった場合は、Working-untouchedへ遷移	担当者と直接連絡が取れた場合は、Working - Connected へ遷移 〇回取れなかった場合は、Recycleへ遷移	商談機会を獲得できた場合は、Convertへ遷移 商談機会を獲得できなかった場合は、Recycleへ遷移 今後もアプローチする可能性がない場合は、Archiveへ遷移	-	-	-

「リードステージ（Touch Stage）」の定義と移行判定基準

ば、「Archive」に流れていく人もいる。「まだフォローを続けたほうがいいのでは」「脈がなさそうだからいったん見切りをつける」などの判断は個々のインサイドセールスの主観になる。したがって対応にばらつきが出やすい。インサイドセールスのリソースをフル活用するためには「Working」のリードが50件を超えたら新規リードをストップするなど、抱えているリードの在庫数量を見てバランスすることが求められる。

リードアサインの運用ルール

インサイドセールスのオペレーションに欠かせないのは、**細かい点まで想定した運用ルール**だ。事業の成長と共にリード数が増加すると、インサイドセールスの人数も増えていく。と同時に、人の入れ替わりも速くなる。営業（フィールドセールス）など、次のキャリアパスに短期間で異動することが多いからだ。そのため誰がどのリードをフォローするかのルールを明確に決めておかないと現場が混乱してしまう。また全リソースがフル稼働している状態を作らなければならないので、誰かにリードが偏ったり、仕掛中のものが滞留することを避けなければならない。

新規リードについては、リードキューに入ったものから順番にインサイドセールスへ割り振るのがよい。事前に質を測るのは難しいので、まずは量をバランスさせることを優先させる。

業種別、規模別、地域別など営業テリトリーにマッピングするケースもあると思うが、一般的にはどのテリトリーからどれくらいリードが入ってくるかは予測しづらいので注意が必要だ。工場にたとえれば、原材料がポツポツとしか運ばれてこないため、性能をフルに活かしていない機械があったり、キャパシティオーバーして処理が追いつかずに仕掛品が山積みされている工程があるのと同じで、それがボトルネックになっていく。

リードの質が事前にある程度予測できる場合は、リードソースごとにグルーピングしてアサインルールを変えるとよい。たとえば資料請求や無料トライアルを登録した人は自社の製品やサービスを一定レベルで理解していると予想されるので「ランクA」のリード。展示会やサードパーティイベントの参加者は、自社ブランドを認識していない可能性もあると予想されるので「ランクB」のリードとするなど。

また、「Working」のリードについては1人当たりが保有する上限を決めておくこと。新規リードをいくら均等に割り振っても、この「Working」リードを抱え込んでいると、すべてのリードをフォローできない。営業が見込みのない商談を抱え込むのがよくないのと同じで、インサイドセールスがフォローしきれない量のリードを持っている場合には、強制的に他のメンバーに割り振るなど、負荷分散の指標として活用する。

過去に登録済みのリードが、再度コンテンツダウンロードやイベント参加した場合の扱いも決めておく必要がある。たとえば、過去1か月以内にインサイドセールスから電話やメールを個別に送るなどコンタクト履歴がある場合は、継続してそのインサイドセールスが担当するのが適切だが、半年前にリサイクルに戻したリードの場合はどうするか。

最初に担当していたインサイドセールスにアサインすると、在籍期間が長いインサイドセールスにばかりリードがアサインされることになるので、オペレーションが成り立たない。一方、すべて新規扱いにしていると、リサイクル後もこまめにメールなどでフォローする意欲が削がれてしまう。「過去1か月間にインサイドセールスの活動履歴があるものはその人に。なければ新しいインサイドセールスに」というルール設定は納得しやすいところだ。しかし、マネジメントが細かいところまで目を配らないと、インサイドセールスによっては1か月の期限が切れる直前にまとめてコンタクト履歴を入力したり、マスメールを送るなどして、自分のリードにし続けるためのアクションを起こすケースも出てくる。個人目標を設定している場合は、リードの母数がどれだけあるかがパフォーマンスに直結するからだ。

単にルールを決めるだけでなく、マネジメントが細かい点まで目を配り、実態との乖離がないかを常にチェックしなければならない。特にインサイドセールスの人員を拡大するフェーズでは、新しい担当にも古いリードを割り振っていかないとアンバランスが発生してしまい、組織全体で非効率なオペレーションになりやすい。人数が少ないチームであれば、性善説での運用も可能だが、拡大にともなって性悪説で運用する必要も出てくることをマネジメントは意識しなければならない。

1日8時間をフル活用するために

新規のリードが日々流入すると同時に、過去のリードはたまっていく一方なので、インサイドセールスはタスク管理が重要になる。出社して席についてから、「さて、どれにかけようか」と考えているようではダメだ。最低限、次のことはクリアしておきたい。

・前日の業務終了時には、翌日のコール対象リストが条件別に整備されて明確になっていること
・コール前に対象リードの情報を頭に入れておくこと
・会話できた場合も最大時間を決めておく。相手が話好きな人の場合、商談に結びつかない会話がダラダラと続いてしまうケースもある。電話をかけても断られる確率が高いので、つい嬉しくなって長く話に付き合いがちだが、商談のクオリフィケーションに必要な項目を常に頭に入れて、タイムマネジメントされた会話を行うこと

量と質、どちらを求めるか

以前、「福田さんはインサイドセールスに量を求めますか。質を求めますか」と聞いてきた人がいる。この言葉が、インサイドセールスの仕事の難しさを最もよく表しているのではないだろうか。

量に焦点が当たると、「とりあえずアポイント」というレベルのものがどんどん営業にパスされて、営業の無駄な訪問が増えてしまい、かえって非効率になる。一方、まだまだ固まりきっていないので確実に商談化できるまで自分で温めようとすると、競合他社に先にアプローチされてしまい、貴重な商談機会を逃してしまうリスクが高まる。

「多少柔らかい状態だが、訪問する営業の手腕次第では商談になる可能性があるかも」というケースは拾っていくべきだが、それが商談につながった時に誰を評価すべきかについてはケースバイケースで難しいところだ。インサイドセールスの仕事は、顧客に加えて「商談をパスした営業のスキル」という、自分ではコントロールできない要素が絡んでくるため、個々のスキルや業績を客観的な指標で評価できない。便宜上、業績評価についてては、商談化の数、受注件数、金額などを持たせているが、それだけを見ていては正当な評価は難しいだろう。

たとえば、角度を変えて質問しながら何とか聞き出そうとしても、相手が「訪問の時に話しますよ」と譲らず、ヒアリング項目が聞けないケース。逆に、インサイドセールスが最初から聞き出そうとせず、さっさとアポイントだけ確定させて、「いろいろ聞き出そうと試みましたが、訪問の時に答えると言われているので」と営業にパスするケース。

どちらも結果だけ見れば、営業へのパス1件である。数字だけでしか評価されなければ、楽な後者を選ぶ人が出て来るだろう。

マネジメントに求められること

インサイドセールスのマネジメントに求められるのは、コール件数や商談化の件数などの数字だけではなく、**「良い仕事」と「いい加減な仕事」を峻別して評価できる眼力だ。**

普段からインサイドセールスの電話の内容に耳を傾ける。活動履歴や営業へパスする際のコメントを熟読して、どのような会話でその情報を聞き出したのかを想像する力。そのうえで高いレベルの仕事を正しく賞賛する。賞賛する時は、本人に対してだけでなく、経営陣、営業、マーケティングなど関連する部門にもアピールする。本人は自分からは言えないし、放っておけば受注した営業にしかみんなの注目は集まらない。

一方で、結果的に商談化につながったとしても、聞くべきことを聞けていないなど改善の余地があればはっきりと指摘する。たとえば、ヒアリング項目に「予算の確認」があるとする。営業にパスする時に、インサイドセールスが「予算を確認したんですが、教えてくれませんでした」と言っている場合、本当に聞いたけれど教えてくれなかったのかもしれないし、単に聞き忘れてしまったので、言い訳として「教えてくれなかった」と言っている可能性もある。

このような時、マネジメントは見過ごさずに、「商談相手にどのような聞き方をしたのか」を確認するといい。いきなり予算を教えてくれと言うのではなく、「通常このようなプロジェクトを進める場合は、どのような決裁プロセスで承認されるのでしょうか」「何か別のプロジェクトから予算を動かす必要はあるでしょうか」「新規に予算獲得をしなければならないのでしょうか」といったことを聞ける余地があったかどうかだ。

違う聞き方をするとしたら、どのようなフレーズが使えそうか。そもそも予算については把握しているけれど教えてくれなかったのか、その人自身も情報を持っていないのか。これらを突き詰めて質問することによって、そのインサイドセールスの力量もわかるし、スキルアップにもつながる。必要であれば自ら電話を取って顧客と会話をし、お手本を見せること。

やって見せ　説いて聞かせて　やらせてみ　讃めてやらねば　人は動かぬ。
山本五十六

インサイドセールスのマネジメントに、これほどぴったり当てはまる言葉もないだろう。

インサイドセールスを外注しない理由

2005年に帰国して、最初にインサイドセールスの立ち上げに着手した当時、私は30歳を超えたばかりで、営業も含めて経験が不十分なため確信がないまま進めたことも多かったが、インサイドセールスを外注せず社員で編成することに関しては、微塵も迷いがなかった。

インサイドセールスを単にアポイントや商談作成のための組織と見ていては、その価値をフルに活かしきれない。自社製品はどのように見られているか、見込客はどのような製品や情報を求めているかなど、データだけではわからない市場の肌感覚をつかみ、マーケティング部門や経営陣などにフィードバックすること。顧客との最初の接点として、会社のメッセージ、製品の内容を正しく市場に伝えることも重要な役割だ。

そのためには、会社が投資をして教育しなければならない。それも継続的に。教育の機会は研修だけではない。社内にいるマーケティング部門や営業部門の会話から学び取ることもある。訪問後の営業のフィードバックや、時には営業に同行して実際に自分が会話した時との差を学ぶなど、会社のあらゆるところに教育機会は転がっている。このような日々の業務全体を通じた教育は、インサイドセールスのプロセスを切り出して外注するやり方では絶対に実現できない。

また顧客視点で考えれば、最初に企業と直接コミュニケーションを取る相手がインサイドセールスとなる。この時のヒアリングや説明能力だけでなく、会社や製品に対する愛着、ロイヤルティ、コミットメントの意識があるかないかは、必ず相手に伝わる。コンタクトのパーミッションを得るだけだったり、コールリストの精査をすることだけが仕事であるテレマーケティングとの違いはここにある。

インサイドセールス立ち上げ時に必要な人材

インサイドセールスを新たに立ち上げようと考えている人たちからよく聞かれるのが、「最初のメンバーを選ぶ時、営業で実績を残したエース級にやらせるべきか、経験は浅いがこれからというポテンシャル人材をアサインするべきか」という質問だ。

イチから組織を立ち上げるというタイミングでは、営業として一線級の人間をリーダーとしてアサインすることを推奨する。そのような人材を営業から外すことは、売上へのインパクトを考えると勇気がいることだが、中長期的な視点で考えればリターンは大きい。

インサイドセールスは、商材によってガラッとオペレーションが変わる。組織を新たに作る時は将来の拡大を見据えて基本的な「型」を見つけなければならない。アポイントを取るだけのインサイドセールスなら外注のテレマーケティングでも補えるが、経験の浅い人だけではその「型」がいつまでたっても固まらない。

たとえば同じ会話で情報を得たとしても、経験の有無は、そこから得られるインサイトのレベルとして表れる。営業としての経験が豊富であれば、会話から顧客が本質的に抱えている課題などを察知する能力が高い。また、顧客とのコミュニケーションに加えて、マーケティングや営業など他部門と、どうコミュニケーションが取れるかも重要だ。マーケティングに建設的なフィードバックができるか。営業が最初の訪問に臨むうえで、どのような情報があると役に立つかをイメージできるか。こういう視点で考えると、営業を経験している一線級の人材をリーダー的な存在としてインサイドセールスにアサインし、ポテンシャル人材にリーダーの背中を見て育ってもらうという進め方が最も成長のスピードが速くなるだろう。

ただし、一線級の営業イコール「売れる営業」という意味ではない。私自身、インサイドセールスを立ち上げる時、営業で活躍していた人に「この仕事をやってくれないか」とお願いして異動してもらったことがあるが、彼には高い営業能力、社内外に対するコミュニケーション能力、周囲からの信頼に加えて、組織のために働くという献身的な姿勢があった。**「俺が、俺が」という自分中心の人では、いくら能力があってもこの仕事は務まらない。**

真の役割は「商談供給の調節弁」

営業がインサイドセールスに期待するのは、確度の高い見込客をどんどんパスしてもらうことだが、実際は一定のペースで潤沢に商談が供給され続けることはまずないと言っていい。しかし、営業は常にこう思っている。

1 営業が持っている商談が多い時は、確度の高い案件に絞って渡してほしい
2 営業が持っている商談が少ない時は、多少柔らかくてもいいから早めに営業に渡してほしい

「都合のいい話だ」と思われるかもしれないが、この調節弁としての機能もインサイドセールスに求められる重要な役割となる。まず、営業部門の処理能力（何件商談を同時にこなせるか）は一定ではないし、様々な変数が存在する。定期的な人事異動、担当替え、新

規採用、退職、新製品投入などによるスキルや経験のばらつきをどう解消していくかは避けられない課題だ。また商談の供給元はマーケティングだけではない。代理店や顧客からの紹介も変数の1つになる。通常は並行して10件の商談を回せる営業も、トラブル対応を抱えるとかかりきりになってしまい、新規商談はストップということも起こり得る。つまり、**受注に至る最終工程の営業の処理能力は、人数以外の要素が影響して一定に保つことはできないのだ。**

そのようなところへ常に同じペースで商談を供給しても、フォローされない商談が滞留してしまう。しかし、商談が足りなくなると「このままではパイプラインが足りないから、自ら発掘しなければ」と、リストに対してコールドコールを始めて、結果的に提案活動がおろそかになってしまうなど、営業部門は非効率な状況が続いてしまうことになりかねない。

そんな時に私がよく引き合いに出すのは、カイザー・ファング著『ヤバい統計学』で紹介されている「ランプメータリング」だ。アメリカ国内の交通渋滞のうち、車線の合流やインターチェンジの構造など、渋滞になりやすい「ボトルネック」が原因のものは40％にすぎず、多くは事故や悪天候など予測不可能な事象が原因なのだという。前者は予測可能だが、後者は予測不可能なため、ばらつきを生む。これが渋滞につながる。この解決策としてアメリカで考案されたのがランプメータリングで、高速道路の進入車線に信号機を設置して、本線への流れを制御してばらつきをなくすことにより、渋滞を解消するという仕組みだ。

B2Bマーケティングの解説書では、営業とマーケティングの間で「商談化の基準を合意することが重要」と書かれていることが多いが、どこにボトルネックが発生しているかなどを見つつ、常にこの基準を調節し続けることが求められる。まさに交通渋滞の例でいう、ランプメータリングの役割を果たすのが「インサイドセールス」なのだ。マネジメントは、このような**部門と部門のつなぎ目で起きていること**に目をこらさなければならない。

インサイドセールスの評価指標

最後に、インサイドセールスのマネジメントの視点で、把握しておくべき指標の一例を紹介する。

次ページの表にまとめた指標を確認するうえでのポイントを挙げておこう。営業も同様だが、**実際のヘッドカウントと、入社時期を考慮したキャパシティとしての数字は分けて考えたほうがいい**。たとえば、入社初月はトレーニングが中心なのでヘッドカウントとしては存在するが、稼働のキャパシティとしてはゼロ。2か月目は50％のように計算をする。特にインサイドセールスは短期間で他部門に異動していくことも多いため、このキャパシティを把握しておかないと、頭数は増えているのに実キャパシティは減っているという事態も起きかねないので要注意だ。

また営業にパスしたリード件数のうち、何件商談化されるかを定点観測しておくことが必要だ。このパーセンテージはインサイドセールスのクオリフィケーションの質と連動している。高すぎるとインサイドセールスが確実なものに絞り込みすぎていて、商談機会を逃しているという見方もできる。50％程度まで下がると、営業が訪問の無駄撃ちをしている。**およそ70〜80％(デッドレートが20〜30％)で推移するようにクオリティチェックを入れておくといいだろう**。

また、商談作成時の商談金額と受注時点での商談金額に差が大きいと、インサイドセールスのクオリフィケーションか、営業の提案能力のいずれかに問題があることが想定される。商談作成時と受注時の商談金額の差異は個人に依存するのか、組織全体なのかを見ていくことにより、問題を特定していくことができる。

リードという1つのバケツにすべてを入れて管理するのではなく、ステータスを管理して、次のステージまでのコンバージョンを見ることによってボトルネックを見つけやすくなると同時に、この先のパイプラインへの影響を早めにつかむことが可能になる。

インサイドセールスの業績評価が難しいのは、指標は数値化できるものの、かなりの部分が主観に依存する点にある。活動件数も、ただ電話をかけた数やメールを送った数では意味がない。アポイント件数も顧客は気乗りしていないのに「会うだけでもお願いします」と言って取るアポイントもあるだろう。商談化できるかどうかは営業のスキルや判断基準にもよる。営業によってばらつきがあるのは避けられないので、インサイドセールスの貢献を正当に評価できない。

備考
インサイドセールスのヘッドカウント
立ち上がり期間を考慮した実際のキャパシティ
平均在籍月数
マーケティング部門が精査した有効リード件数
インサイドセールス部門が営業にパスしたリード件数
営業が商談とみなしたリード件数(商談)
(5)の内、(6)として認められなかった割合
(4)÷(2)
(5)÷(2)
(6)÷(2)
(6)÷(4)
作成された商談金額
受注した商談金額
商談作成時点での平均金額
受注時点での平均金額
金額ベースの受注率
件数ベースの受注率

#	キャパシティ		Q1 2018	Q2 2018	Q3 2018	Q4 2018
1	ヘッドカウント	#	5	7	9	11
2	キャパシティ	#	4.5	5.9	7.2	9.5
3	在職期間	#	13	10.4	10.2	11.3
	リード獲得					
4	有効リード件数	#	1,450	1,600	1,850	2,000
5	訪問･アポ件数	#	406	448	518	560
6	商談件数	#	290	368	352	420
7	デッドレート	%	29%	18%	32%	25%
	生産性					
8	有効リード件数/キャパシティ	#	322	271	257	211
9	訪問･アポ件数/キャパシティ	#	90	76	72	59
10	商談件数/キャパシティ	#	64	62	49	44
11	コンバージョンレート	%	20%	23%	19%	21%
	パイプライン／ブッキング					
12	パイプライン	¥	725,000,000	1,177,600,000	843,600,000	1,176,000,000
13	ブッキング	¥	217,500,000	329,728,000	278,388,000	294,000,000
14	平均商談金額	¥	2,500,000	3,200,000	2,400,000	2,800,000
15	平均ブッキング金額	¥	2,678,571	2,986,667	2,329,412	2,500,000
16	クローズレート	¥	30%	28%	33%	25%
17	クローズレート	#	28%	30%	34%	28%

インサイドセールス部門のKPI管理

とはいえ、**数値をトレンドとして一定期間追いかけていくと、どこに改善点があるかは見えてくるものだ。**あくまでも組織全体を俯瞰して、改善点を探す目的として捉えること。インサイドセールス個人の評価については参考程度にとどめて、マネジメント自らがしっかりと行動を観察して評価するように努めること。数値評価を昇給・昇格の条件として優先してしまうと、質の低下をはじめとする様々な問題が出てくるだろう。

たとえば会社としては、大手企業のリードは商談化や受注までに時間がかかっても、粘り強くフォローして次につなげたいところだが、インサイドセールス個人の視点から見ると、自分の工数が奪われるうえに、アポイントが取れても商談化には時間がかかる可能性が高い。個人目標の達成に追われていれば、短期間で商談になりやすい、小規模で現場の担当者が窓口のリードをフォローしがちになるだろう。

マネジメントは会社としての優先順位を明確に伝え、数字だけでは評価しないということを繰り返しコミュニケーションすることが求められる。

第9章 営業（フィールドセールス）

商談のフェーズ管理

レベニューモデルの全体図では「商談」として1つの箱しか表現されていないが、このフェーズの重要度が低いわけではない。むしろB2Bではこのラストワンマイルの対応で勝負が決まる。そして**「商談」というステージの中は、さらに細分化してフェーズ管理を行い、パイプラインやフォーキャスト（予測）の管理を行う。**商談フェーズ管理の一例を次ページの表に示しておく。

商談のフェーズ管理を実施する企業は以前に比べると増えてきたが、まだまだ実装でうまく運用されている企業は多くない。それはフェーズの移行判定基準が曖昧であったり、

商談フェーズ	フェーズ1 リード以上 商談未満	フェーズ2 ビジネス課題 の認識	フェーズ3 評価と選定	フェーズ4 最終交渉と 意思決定	フェーズ5 稟議決裁 プロセス	Closed Won 受注	Closed Lost 失注
確度	0%	25%	50%	75%	90%	100%	0%
定義	商談管理の抜け漏れを防ぐためのリード以上商談未満のフェーズであり、顧客のビジネス課題に気付いてもらい、それを解決する手段が自社にあるという理解を得る	顧客のビジネス課題（ビジネスイシュー）、問題点（プロブレム）、解決策（ソリューション）、効果（ベネフィット）の4つを整理する	キーマン（役職ではなく、影響力を持つ人）とフェーズ2での4つのポイントを合意し、自社が競合他社に対して差別化できる強みが顧客にとっての選定条件となるように商談を進め、自社製品を選定してもらう	顧客と合意した契約に至るまでのスケジュールや契約に必要となるタスクを双方で洗い出して、正式に稟議プロセスを開始してもらう	顧客における正式な稟議決裁プロセス、最悪のケースで発生する可能性があるリスクに備えて準備と対応をし、契約を締結する	—	—
移行判定基準	・自社の製品サービスで解決可能なビジネス課題を持っている ・意思決定のタイムラインが一定期間内であること	・要件詳細確認やデモ、プロトタイプによる検証開始 ・他社製品との比較検討開始	・自社製品が選定される	・Mutual Close Plan を顧客と相互に合意する ・顧客担当者が稟議決裁の準備を開始する	・契約の完了	—	—

商談フェーズ管理の考え方

自社の商材における営業プロセスとマッチしていないからだ。基準が明確にならないと、営業ごとの認識がバラバラになり、せっかく商談のフェーズ管理をしているのに、フォーキャストの精度はいつまでたっても良くならない。他社のものを参考にするのはよいのだが、「うちでもこういうフェーズ管理が使えそう」と、表面だけを見て運用するのではなく、自社の商材や営業の進め方を研究して、自社に合ったフェーズ設計に挑戦していただきたい。

以降で紹介するフェーズは一般的なITソリューションの商材をモデルにしている。

フェーズ1「リード以上、商談未満」

商談のフェーズ管理をする前に、そもそも**「何をもって商談と判断するのか」**の基準を決めなければならない。インサイドセールスから営業へ見込案件として引き渡す場合、そのすべてを商談とすることはない。

「訪問してみたら、自社の製品・サービスで対応できるものではなかった」

「可能性はありそうだが、予算の関係で今期は難しい。来期に向けて予算化できるかどうか」

「担当者は個人的に検討したいと思っているが、会社としての検討段階にはない」

こうした状況はよくある例だ。また、マーケティングやインサイドセールス以外にも、顧客や代理店からの紹介、コールドコールによる発掘など様々なルートが存在する。特にアウトバウンドで発掘する場合は、初回コンタクトですぐに商談になるかを判断できるケースは稀であり、少しずつ温度感が上がり、具体的な商談に結びついていくことが多い。

このように「すぐには商談にならない。ただし、マーケティングによるナーチャリングやインサイドセールスによるフォローではなく、営業が直接接点を持ち続ける」というものは、どこにも登録していないと営業がフォローを忘れてしまう。したがって、この**「リード以上、商談未満」を、フェーズ1として管理する。**ただし、ここからどのくらい商談につながるかは、かかる時間や確率のばらつきが大きくなるのでパイプラインの計算からは外しておく。パイプラインに含めてしまうと、受注率などの指標に影響を及ぼすからだ。目標に対して十分なパイプラインがあるか、判断を見誤ってしまうことも考えられる。

このフェーズで最も重要なことは、定期的なフォローを漏らさないこと。また相手が気づいていない課題に気づかせてあげること。ほとんどの会社は自分たちの課題そのものに気づいていない。課題を意識してもらい、このくらいの期間に着手しようという会話ができれば、商談として進めるスタートラインに立てる。

■移行判定基準

・自社の製品・サービスで解決可能なビジネス課題を持っている
・意思決定のタイムラインが一定期間内であること。自社の平均商談日数や、営業部門ごとの特性に応じて設定する

フェーズ2「ビジネス課題の認識」

購買検討フェーズを表現する時に使われる「不信、不要、不適、不急」の「4つの不」の中で、ここは「不要」を突破する段階だ。つまり課題を認識して、この製品やサービスが必要だと理解してもらうフェーズである。

商談化の条件として、以前は「BANT条件」が使われてきたが、コモディティ型の商材のように、すでに必要性が明確なもの、定期的にリプレースするような製品では通用しても、市場にこれから広げていくもの、ソリューション型の商材では機能しないことが多い。後者の場合はそもそも予算化されていること自体が少ないし、プロジェクト化する過程ではじめて決裁者が明確になるケースも少なくない。当然、導入時期も不明確にならざるを得ないからだ。課題を持っていることはわかっても、それを顧客が解決したいと思わなければ先に進めない。**営業活動のプロセスの中で、どの段階が最も重要かと問われれば、躊躇なくこのフェーズを挙げる。**

Budget(予算)
Authority(決裁権)
Needs(必要性)
Timeframe(導入時期)

BANT条件

この段階に十分な時間を割かずに、顧客からのデモや製品説明の依頼、ＲＦＰ（提案依頼書）などに対応して先に進もうとする営業が多い。しかし、この段階を突き詰めていなければ、最終的に経営陣に稟議を上げたところで「今はこれが重要課題ではない」「他に優先課題があるだろう」というオブジェクションで止まってしまうだろう。

最後のクロージングが弱いという営業は、営業プロセス後半の交渉や詰めが弱いと思われがちだが、実際はこの初期段階の進め方に課題があることのほうが多い。顧客と会話が盛り上がってとんとん拍子で進んだのに、突然商談が止まってしまうという経験がある人も多いだろう。それは、「こういうことができたら便利なんだけど」という相手の話に付き合わされているだけで、会社としての課題と提案がマッチしていないからだ。解決策として、次ページの図を頭の中に入れながら会話することをお勧めする。

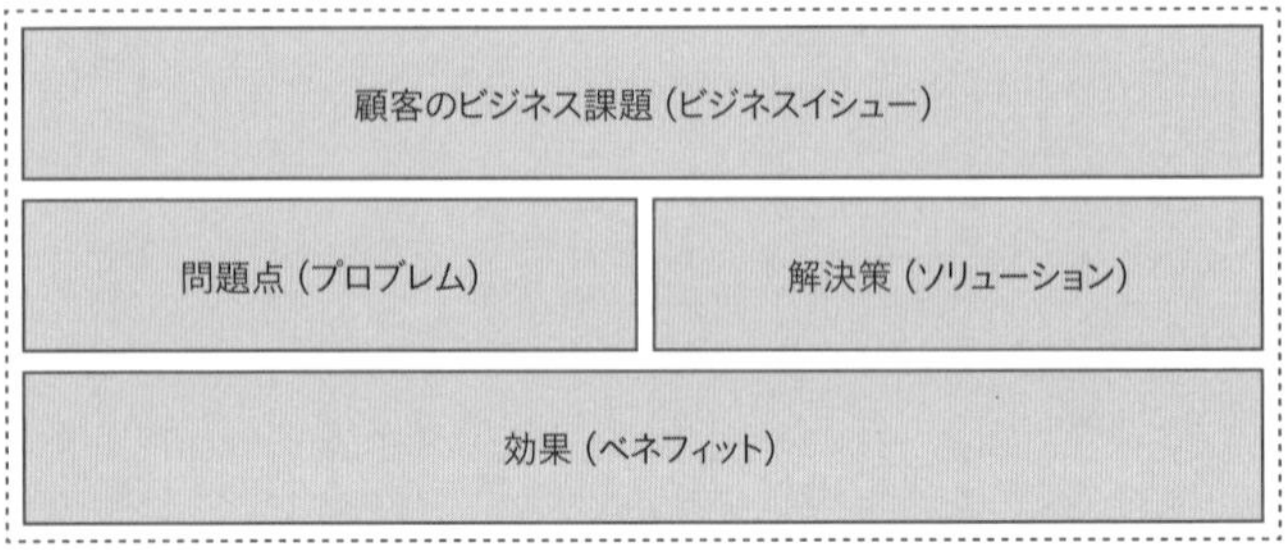

商談の際に、頭の中に入れておく図

たとえばある企業が、3年後に売上高を倍にしたいと考えているとする。「その目標を達成するためのハードルとなること」が**「ビジネスイシュー」**である。営業のキャパシティが足りないと考えているのであれば、営業人員の採用と代理店の拡大。競合との激しいシェア争いがあれば、競合に対する勝率アップがビジネス課題になるだろう。

次の**「プロブレム」**は、特に現場の担当者が日々の業務で問題に感じていることだ。「競合に対する自社の強みを整理した資料がない」「競合がアプローチしている企業を察知する仕組みがない」「代理店との商談共有の仕組みがない」などはプロブレムだ。

これを解決する手段が**「ソリューション」**で、自社の製品・サービスが提供する機能が該当する。たとえば「顧客と代理店の情報を一元管理するデータベース」や「顧客がウェブサイトを訪れた時に検知して、営業に通知する仕組み」などだ。

最後の**「ベネフィット」**は投資対効果で、定量・定性の両方を含む。

■力を入れるべきフェーズ

商談相手の会社の中期経営計画、ホームページにある社長のメッセージなどを読み込んで提案することは多くの営業が実践している。しかし、商談のプレゼンテーション冒頭で、その会社の経営課題に触れながら、その後に続く解決策が課題とマッチしていないということがよく見られる。

たとえば「新たな市場の開拓」「顧客内シェアの拡大」という経営上の重点目標があるとする。最初のスライドでは「貴社における課題」とか「プロジェクトの目的」というタイトルできれいにまとめているのだが、肝心の提案になると、突然「KPIを可視化する」「情報共有をリアルタイムに行う」「システムを統合して二重入力などの負荷を軽減」といった話になる。

これは先ほどの図にある、顧客のビジネス課題（ビジネスイシュー）、問題点（プロブレム）、解決策（ソリューション）、効果（ベネフィット）の4つが整理されていないからだ。顧客にヒアリングする時はこの図をノートやパソコンの画面で確認し、顧客や自分が発するキーワードがどの箱の中に入るのかを常に意識しながら会話すると良い訓練になる。そして、そのメモの内容をもとに提案を組み立てると、論理的で訴求力のある提案になる。結果がなかなか出ない営業は、ビジネスイシューの枠がなかなか埋まらず、プロブレムやソリューションばかりになっていることに気がつくだろう。

それは、営業のスキルの問題だけではなく、面談相手が現場の担当者にとどまっていることも原因だ。現場の担当者は自分が困っていることに意識が行きがちで、多くの場合、経営レベルで考えられている課題とは一致しない。商談の後半に行う最終提案や交渉のフェーズに注力する営業は多いが、**実際は前半のほうがはるかに重要度が高い**。なぜなら、意思決定者である経営層は検討段階では登場しないことが多いからだ。ビジネス課題を認識して目標を設定し、検討チームを作る段階までは経営層の8割が参画していると言われるが、具体的な検討フェーズに入ってからの関与度合いは3割を切り、最終決定フェーズで再度関与する。

顧客の中でも経営層と担当者の間には認識のギャップが生まれることが多い。担当者が

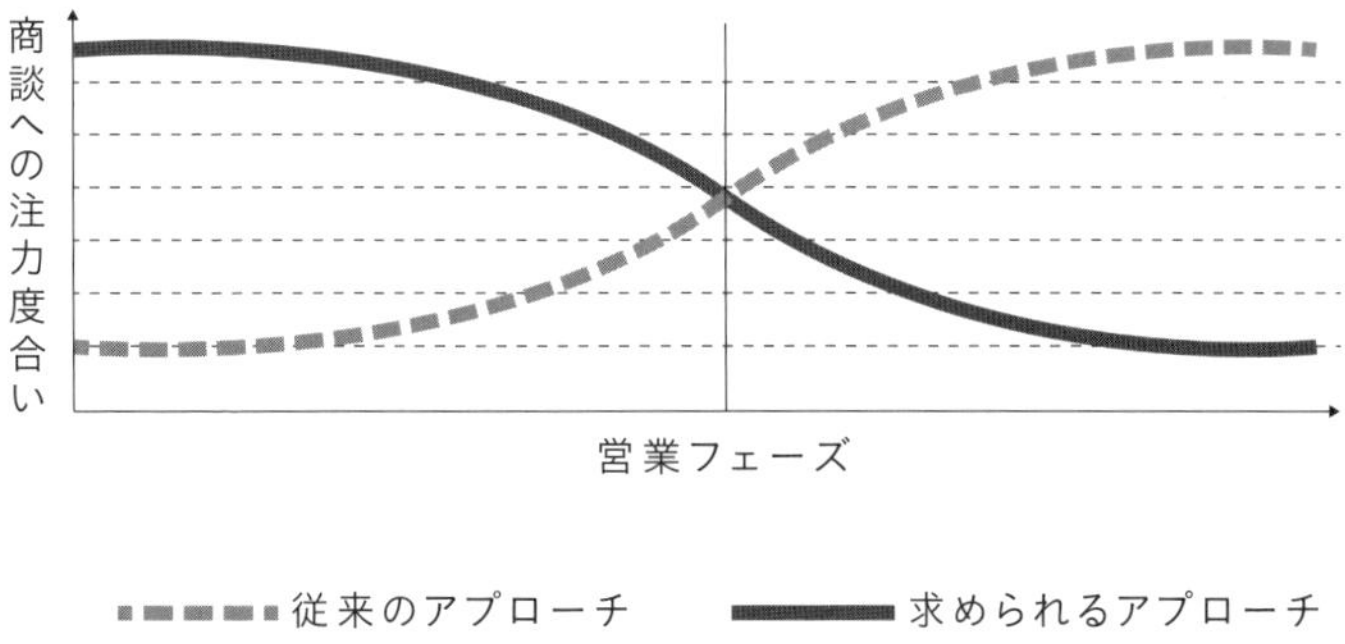

営業フェーズにおける営業の注力度合い

ビジネスイシューではなく、プロブレムにばかり意識が行っている場合、それに合わせた機能説明をして「相手の要望に合った提案ができた」と安心していると、最終フェーズの決裁段階で経営層から却下されてしまう。

　このような手戻りをなくすためには、最終交渉ではなく、早い段階で経営層に会うこと。上のグラフのような形で注力すべき段階をイメージしておこう。オンラインで情報収集する比率がどんどん高まっている今の時代では、いかに初期段階にいる潜在顧客を見つけるかが勝負だ。

■移行判定基準

・要件詳細確認やデモ、プロトタイプによる検証開始
・他社製品との比較検討開始

フェーズ3「評価と選定」

コモディティ型の商材は、いきなりこのフェーズからスタートすることも少なくない。定期的にリプレースの時期が訪れるようなハードウェアを扱っている営業であれば、その時期を逃さないようにアプローチの頻度を高めるだけで、商談を増やすことができる。

しかし、ソリューション型の商材の場合、この段階で顧客に「商談を進めるだけの価値がある」と認めてもらわなければならない。顧客は他の選択肢である競合との比較を行うため、営業はコストだけでなく、自社の強みを活かした提案をすることが求められる。つまり、**選定条件を自ら作り出すことが必要だ。**

競合他社が現れた時に、状況を整理する有効なフレームワークが次の図だ。

左上の「相殺」は、自社と競合双方の強みと考えられること。

左下の「弱点」は、競合他社のほうが優位性を持つ点。

右上の「差別化」は、自社が競合他社に対して差別化できる強み。

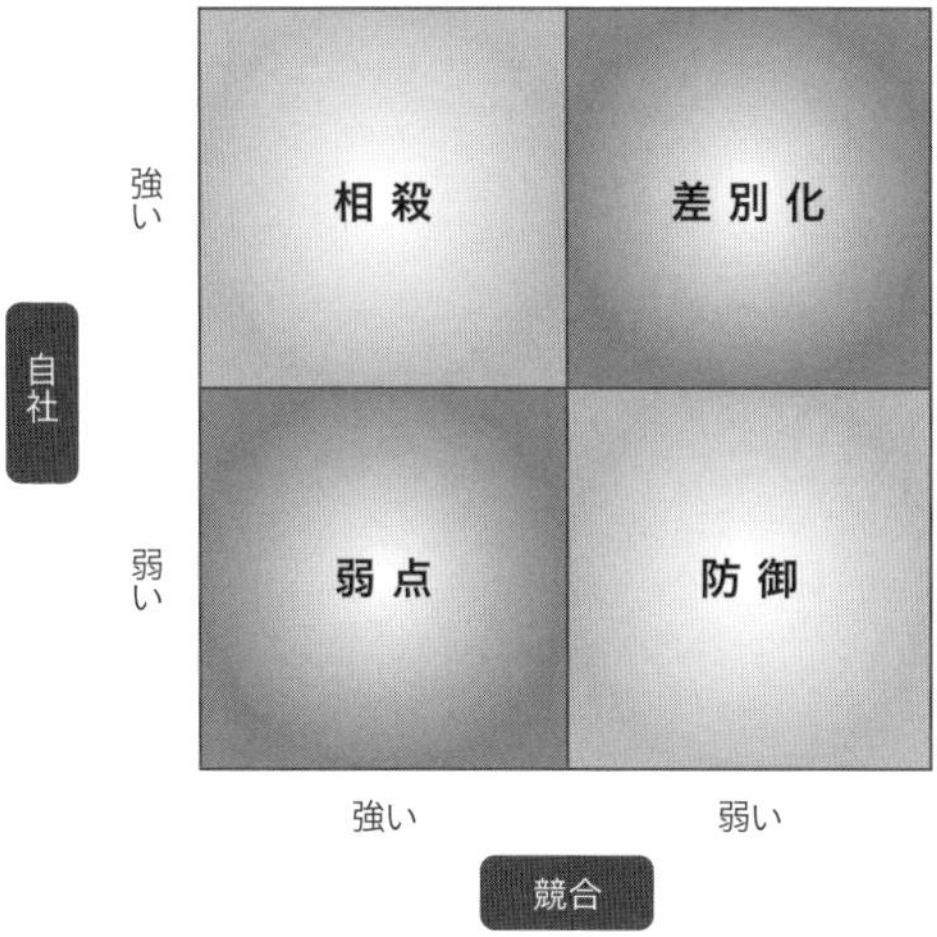

競合差別化のマトリックス

右下の「防御」は、双方ともに弱く、顧客のニーズに合致していない点。

ここで大事なのは「当該顧客において」という前提条件だ。一般論で「競合他社に対するうちの優位性はこれです」と言っても、その強みが顧客要件に関係がなければ何の意味もない。「ユーザーフレンドリーで現場が使いやすい」という点が特長のツールの場合、その顧客が自社に多数のエンジニアを抱えていて、自分たちでユーザーインターフェイスを開発する自由度を求めているのであれば、その特長は強みにはならない。

自社と競合、それぞれの強みと弱みをプロットした後は、右上の「差別化」に入るものを選定条件とするように商談を進められるとベストだ。そのためには、自社の製品・サービスだけではなく、競合の製品・サービスについてもしっかりと勉強すること。他社の悪口を言ったり、誤った情報をインプットするような営業活動をしていては、顧客からの信頼は得られない。「顧客の成功」「顧客から信頼される存在になる」という価値基準を掲げながら、現場がこのような行為をしていては、やがて顧客は離反していくだろう。エンゲージメントとは大げさな話ではなく、あらゆる場面で一貫した姿勢で顧客と向き合っているかが試されるものなのだ。

■役職と社内の影響力は一致しない

先ほどの四象限のマップは、営業視点でなく、**選定のキーパーソンから見てそのような状態でなければ意味がない**。インバウンドで作成された商談の場合、「評価と選定」フェーズでは担当者にしか会えていないケースも多い。しかし、企業の規模やプロジェクトが大きくなればなるほど多くの関係者が関与してくる。それぞれの優先順位、選定の軸やスピード感はまったく異なるものだ。

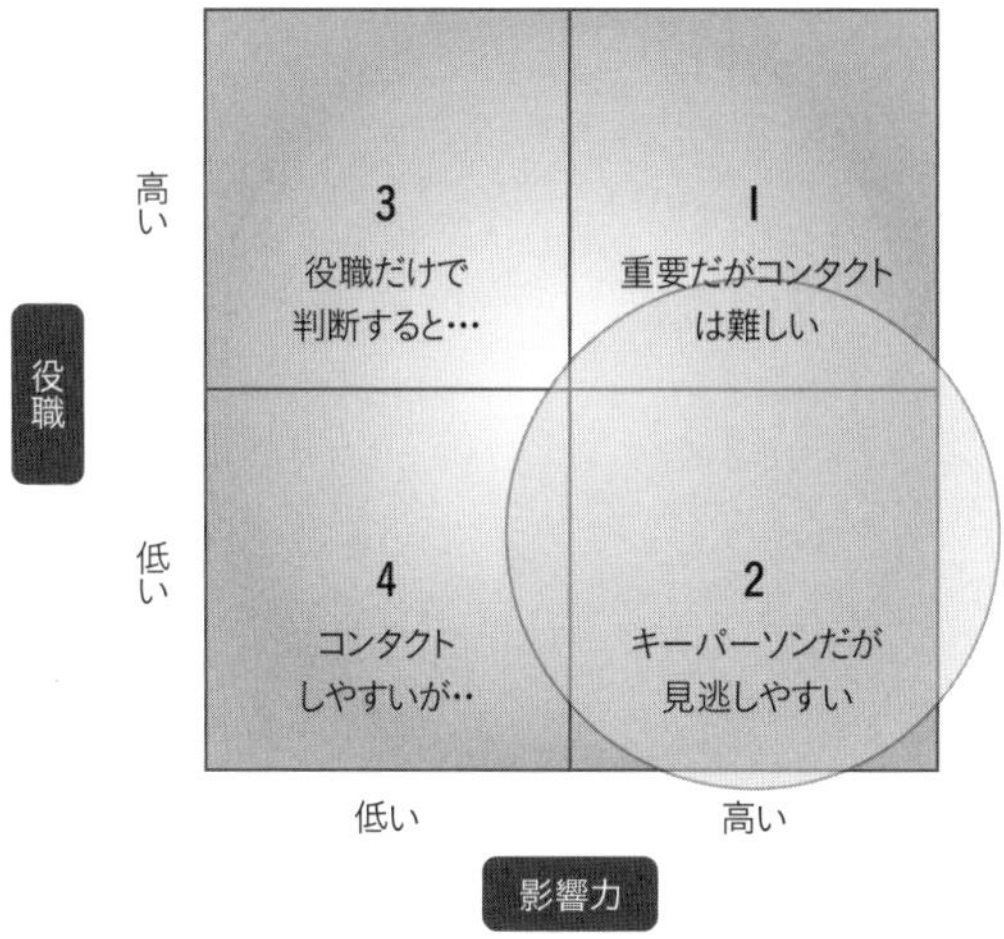

顧客社内のインフルエンサーマトリックス

経営層は全社の経営課題に取り組むが、部門長は自部門の範疇で優先順位を考えがちだ。担当者になると、いかに予算内で管理するか、自分の業務が楽になるかという狭いものの見方になりやすい。また、経営層は経営課題に取り組むため、必要なリソースや予算を確保するために動くが、部門長は与えられた予算の中でやりくりを考え、担当者は割り当てられた予算を消化することを考える。

注意すべき点は、**企業内で実際にパワーを持っている人と役職は必ずしも連動していないということだ**。役職が上位でも影響力がない人はいる。逆に、担当者でも大きな影響力を持っている人がいる。これを見分けるのは簡単ではない。周囲の人に聞いても、そのような情報はなかなか教えてもらえないからだ。有効な方法としては、ミーティングの時に参加者の反応を見る方法がある。

私も経験があるが、決裁者であるはずの役職者が話しているのに、部下が「この人わかってないなあ」と言わんばかりに反対の方向を向いたり、同意する時も曖昧な返事だったりと、ボディランゲージが情報を与えてくれることがある。この時は、実際に決裁者と思われた人の意見はあまり重視されず、その上の役員が現場と直接コミュニケーションをして意思決定を行った。

逆に、現場の担当者でも的確な発言をし、役職者の前でも積極的に発言を行う人、これまでその会社の重要なプロジェクトを担当してきたというタイプは、役職に関係なく影響力を持っている可能性が高い。

営業活動を進めるうえで注視すべきは役職ではなく、影響力を持つ人だ。最も危険なのは、担当者で影響力もない人、先の図における左下の象限に位置する人だ。アポイントが取りやすく、話もしてくれるので営業はついこの人にコミュニケーションを集中してしまうがそれでは前に進まない。いかに右側の象限にいる人たちと接点を持てるかが、このフェーズを抜け出す重要なポイントとなる。

■移行判定基準
・自社製品が選定される
・インフルエンサーを特定する

フェーズ4「最終交渉と意思決定」

このフェーズの移行判定基準は、**正式に稟議プロセスを開始してもらうこと**にある。稟議を上げてもらうために何が必要かは、それぞれの企業で異なるだろう。社長や部門長がOKすればよいのか。正式に取締役会で承認を得る必要があるのか。法務やファイナンス、購買部門など関連部門との調整や商談の期間を短縮するうえで、優秀な営業と成果を残せない営業の差が出るのはこのフェーズだ。

成果を出せない営業は、この段階で次のようなざっくりした報告をしてくる。

「3月第2週：稟議作成準備
　第3週：決裁、承認プロセス
　第4週：発注
というスケジュール感で顧客と合意しています」

まず顧客と合意という時の「合意」が何を意味しているのか。「その時間軸で進めましょう」という積極的な合意と「そのくらいの時間軸で進めるのが現実的ですかねぇ」という消極的な合意では、その後の進み具合が天と地ほども違う。合意した相手にどこまでの関係者が含まれているのかも大事だ。このようなレベルの情報で進めていると、必ず後から思いがけない承認プロセスが現れたり、遅延が生じる。

顧客は自分の仕事で忙しい。購買部門でない限り、決裁に必要なプロセスをすべて把握しているということはまずないだろう。むしろ、提案する営業のほうから「今後こんなタスクがあると思いますよ。確認してみてください。それぞれに役割分担をして進めていきましょう。このスケジュール感で進めれば、○月にはプロジェクトが稼働しますよ」と示してあげるのが「Mutual Close Plan」だ。

「Close Plan」というと「いつまでに発注してください」と相手に迫るものと勘違いしている人が多い。しかし「いつまでに契約してくれ」と急かす営業ほど鬱陶しい存在はない。**「Mutual Close Plan」とは自社と顧客の双方で、契約までに必要なタスクをリストアップした一覧表だ。**早い段階でこのプランを提示しておくと、顧客にとって何をしなければならないか確認するペースメーカーになるし、プロセスのどこにリスクがあるかも見えやすい。ポイントはタスクを時系列に並べて、それぞれに目標となる日付を入れて進捗確認すること。タスクは「意思決定」など曖昧さの残る表現ではなく、「取締役会での承認」「本部長の承認」「購買部門における発注」など明確な内容にする。また、それぞれのタスクにおいて、どちらが主体で進めるのか役割分担を明確にすること。

■商談期間を短縮するポイント

提案の最終段階、価格の最終提示を求められるタイミングで、「ぜひ会ってお伝えしたい」とミーティング日時を調整し、時間を無駄にする営業が多い。会ってその場で合意できればいいが、多くの場合はそこから再度交渉が入り、持ち帰りとなってしまう。これだけであっという間に1～2週間が過ぎ去っていく。

会った時の反応を見て、伝える価格を変えるというのなら話は別だが、多くの場合は最初に自分が切るカードは会う前から決まっているはず。先にメールか電話で連絡をすれば、その反応によって対策を打つ時間が取れる。

商談の期間を縮めるというのは、このように**お互いにとって何も産み出さない非生産的な時間を最小限にしていくこと**であって、「早く決めてください」という押し売りとは違う。そして、この時間は顧客ではなく、営業担当者自らがコントロールできる。

日用品の購入とは異なり、それなりの金額の投資をするとなると、検討材料がすべて提示されていたとしても、気持ちを整理する時間や他にいいオプションがあるのではと考える時間も必要だ。

実際に車や家など高額商材を購入した経験がある人ならわかると思うが、サインの催促ばかりしてくる営業には付き合いたくないだろう。しかし、「どうぞお客様の心が決まったら教えてください」という営業も物足りない。「契約後には、役所でこの手続きが必要です。この時に住民票も必要なので、いつ頃までに取得しておくほうがいいですよ。この保険のオプションは、先に予算と合わせて検討しておかれてはどうですか」など、想定されるタスクを先回りして顧客に伝えてくれる。また、納車や入居などのゴールから逆算して、いつまでに何を完了すればいいかをわかりやすく整理してくれる営業は頼りになる。

あまり細かいことまで説明すると「しつこい営業だ」と思われるのではないかと心配する人も多いが、有益な情報であれば、むしろ「しっかりした営業だ」と評価してくれるだろう。仮に顧客から嫌がられるとすれば、それは何か別に理由があるのではないかと疑うべきだ。本気で商談を進めたいと思っている顧客であれば、意思を決めた後の細かい購買プロセスは何も産み出さない時間なので早く進めたいに違いないからだ。

「Mutual Close Plan」とはその言葉通り、一方的ではなく相互に（Mutual）合意すべきものである。相手にいつまでに受注を迫るというものではなく、お互いにテーブルの同じ側に座り、手続きの抜け漏れをなくすために協力して、今後のタスクを洗い出すという気持ちで取り組むことができれば、受注は近い。

■移行判定基準

- 「Mutual Close Plan」を顧客と相互に合意する
- 顧客担当者が稟議決裁の準備を開始する

フェーズ5「稟議決裁プロセス」

顧客が稟議決裁の準備を開始したら高い確率で受注に結びつくはずだが、一定の確率でフェーズが後退したり、失注につながることもある。それを防ぐために必要なのは、**「リスク検知能力」**の一言に尽きる。

自動車教習所のテキストに出てくる「だろう運転」と「かもしれない運転」を例にするとわかりやすい。事故を起こさないドライバーは「大型車の後ろにバイクがいるかもしれない」「見えないところから歩行者が飛び出してくるかもしれない」と、想定されるリスクを意識しながら運転するので、何か起きた時でもとっさのタイミングで対処することが可能だ。

できる営業も同じで、「発生する可能性があるリスク」がたくさん思い浮かぶので、事前に対処することができる。何事も経験の浅い人ほど最善のケースを想定し、経験豊富な人ほど最悪のケースに備えるものだ。裏を返せば、過去に失敗をした人は、その経験を活かすことができる。失敗があっても次につなげるというポジティブなマインドで、営業の仕事に取り組んでほしい。

ここでは、私自身の失敗した経験から、いくつかチェックポイントを挙げてみた。失敗を通じてこのリストが増えれば増えるほど、自分の財産になるだろう。

最終承認者は誰か

最終承認者は誰かと聞くだけでは不十分。役員が社内プロセス上の承認者だとしても、その役員は部長が決めたものをそのまま承認するのであれば、実質の最終承認者は部長である。通常は予算を持つ部門の意見が通るが、現場よりＩＴや購買など関連部門のほうが力が強いケースもある。

発注書へサインする人は誰か

最終承認者とは異なる場合が多い。これを押さえておかないと、せっかく承認が取れても予定の日までに発注が間に合わないことが出てくる。経理や購買部門の人の場合、業務時間外に無理なお願いはできないことが多いので要注意。

稟議決裁は電子承認か、紙での回覧か、口頭承認でOKなのか

電子承認であれば海外出張中でもスムーズに進むが、紙で回覧する場合はプロセスが進まない場合もある。途中の承認プロセスだけではない。以前、実際にあったケースではすべての承認が終わっていたにもかかわらず、発注書に押す印は社長室の金庫の中。鍵はあるが、社長の許可がないと開けられない。社長は海外出張の飛行機の中で連絡が取れず、正式発注はできないと言われたことがあった。これは極端なケースだが、それくらい想定外のことが起こるということを頭の片隅に入れておくだけでもリスク検知能力は高まるだろう。

取締役会や経営会議での決議が必要か否か

開催日時の確認はもちろんだが、いつまでに資料を準備しなければならないかの確認もしたほうがいい。はじめて取締役会に起案する担当者が、当日までに資料を準備すればよいと思っていたら、経営企画室から「取締役会の前週の金曜日の17時までに資料を提出しなかった場合は、次回に持ち越し」と言われてしまい、商談が翌月にスリップしたことがある。

参加メンバーの確認も大切だ。近年は社外取締役が増えてきたが、これらの人はチェック機能を働かせるのが役割のため、反対はしないが、質問や宿題を出すことが多い。その場で回答できないと次回に持ち越しになってしまう。承認されなかった場合、次回の定期開催まで待つ必要があるか、臨時招集または個別説明で問題ないかを押さえておくこと。

起案者が過去に同じような金額の決裁を通したことがあるか

あるいは、会社の在籍年数は長いか、短いかなど。本人は社内でいくら以内なら誰の承認が必要という規定を理解していても、実際は慣習で別の承認ルートが必要といったことが申請してはじめて判明することがある。起案者となる人が決裁プロセスを熟知しているかは、同じ規模感の決裁を通した経験の有無や会社の在籍期間の長さである程度判断ができる。

マネジメントが見るべき商談の7項目

商談のフェーズを設定しても、営業がそれに沿って実行しなければ何の意味もない。きちんとプロセスを回していくためには、マネジメントのフォローアップが不可欠である。しかし、忙しい営業にただ指示を出すだけではうまくいかない。マネジメントは「管理する」という発想ではなく、自ら「現場で何が起こっているかを理解する」というマインドが求められる。そのためにも営業とのコミュニケーションが重要であり、営業会議は有効な手段の1つである。

しかし、毎週の営業会議を楽しみにしているという人は少ないだろう。むしろ「上司に詰められるし、できれば出たくない」という営業のほうが多いはずだ。また、「各自、商談の進捗を報告してください」という言葉から始まる会議を行っている会社も多いが、これほど非生産的な営業会議はない。営業のやる気を削ぐし、イチから説明させていてはすぐに時間が足りなくなる。

SFAなどを活用していれば、事前に情報を読み込んで、質問のポイントを絞ることによって時間を効率的に使うことができる。内容を読み込むといっても、隅から隅まで目を通す必要はない。次の項目に注目すると概略を理解することができるだろう。

受注予定日

商談の初期段階ではおよその日付を入力するしかないが、少なくともフェーズ4「最終交渉と意思決定」では、明確な意思を持った日付になっていなければならない。「とりあえず」期末の最終日に設定しておく営業が多いが、取締役会の日付や決裁がどのようなルートで回るかなどの情報が入ってくれれば、具体的な日付がわかるはずだ。

受注の日をゴールと考えず、プロジェクト開始、納品、検収など受注後に訪れるプロセスまで明らかにして、いつまでに何をという線引きをしていく作業ができれば、受注予定日の入力の質が高まる。極力正確な日付を入力する営業と、なんとなくこの時期にと考えている営業では、受注率からフォーキャストの精度まであらゆる面で差が出る。

金額

商談の初期段階では概算の見積でしか入力できないが、フェーズ3「評価と選定」からは、より正確な数字が求められる。コンサバな数字を入れる人、アグレッシブな金額を入れる人などいろいろなタイプがいるが、組織として方針を統一しておかないとフォーキャストに影響する。ワーストケースの金額なのか、ベストケースの金額なのかなど、会社として方針を決めておくこと。

フェーズ

商談のフェーズについては、移行判定基準をどれだけ明確にしても、人によってはばらつきが出る。マネジメントが商談の中身をレビューして正しいフェーズが入力されていないと感じた場合は、そのつど修正を行い、マネジメントの基準を徹底する。この努力を継続的に行うことによって標準化されていく。短期間ではなく、長期的に浸透させるつもりで臨むこと。

競合

単に競合他社がどこかだけではなく、競合に対して優勢か、互角か、劣勢かを把握するように努めること。

商談日数・フェーズ滞留日数

商談日数は商談が作成されてから経過した日数。フェーズ滞留日数は、そのフェーズに入って経過した日数である。新規商談であれば、平均商談日数を大きく過ぎたものについて本当に動いている商談かをチェックするという目的に使える。しかし、大型商談などは長期化することが多いため、商談日数だけでなくフェーズ滞留日数も確認し、同じフェーズで停滞していないかダブルチェックを行う。

アップセル／クロスセル商談では、商談日数が数日という短い単位で受注を繰り返す営業がいた場合、直前まで隠し持っているか、顧客が購入したいと言うまでフォローできていない受け身の営業の可能性がある。

ネクストステップ

ネクストステップは営業が次に取るアクションだが、「○月○日に訪問」という単なる行動予定ではなく、次のフェーズへ進めるために何が必要かという観点で記載する。ネクストステップの記載内容でその営業のレベルがわかる。

営業部門は今期の数字も大事だが、それを達成するためにパイプラインの積み上げやターゲットアカウントへの仕込みなど、短期と中長期の両方に目を向けなければならない。しかし、両方の話を同じ会議で取り上げると焦点が絞れない。業績が順調な時は余裕を持って先の話もできるが、厳しくなると「今期の数字はどうなんだ」と目の前のことだけに集中してしまう。

これを回避するためには、あらかじめミーティングを2つに分けて実施するとよい。それが**「パイプラインミーティング」**と**「フォーキャストミーティング」**だ。

9割の営業が勘違いしているパイプラインの考え方

営業部門の役割は、売上目標を達成することである。そのためにはパイプラインを作らなければならない。どんな組織でもパイプライン以上の売上を上げることはできない。成果を上げる組織は、売上に結びつきそうな商談を追いかけるだけではなく、常に少し先を見据えてパイプラインの数字を気にしている。

私がチームのメンバーに、パイプラインの数字に対する感度を高めてもらうためによくする話がある。

1つ目は**「時間軸」**について。

仮に平均商談日数が60日だとする。3月1日に初回訪問をする案件が受注できるのは、理論上4月30日となる。受注率が25%だとすると4件初回訪問が入っていて、やっと1件の受注。仮に3件しかなければ4月30日に受注できるものはゼロかもしれない。3月に発掘活動に励み、4月上旬のアポを4件取ったとしても、それは4月ではなく、5月末に受注できる1件となる。この感覚を持っている営業は非常に少ない。

2つ目は**「確率」**の話だ。

3月1日時点で20件商談を持っているとする。その中から1件商談が受注できた時、残りのパイプラインは何件かと質問すると、ほぼ全員「19件」と答える。しかし受注率が25%だとすれば、「1件の受注」は「3件の失注」を意味する。つまりこの場合、1件受注した時に、残りの商談は「16件」しかないというのが正解である。

多くの営業がコンスタントに数字を達成することに苦しんでいるのは、このことに気づかず、自分のパイプラインが実際よりも多くあると勘違いをしているからだ。気づいた時には「時、すでに遅し」となる。こういう計算ができる優秀な営業は、パイプラインの積み上げを決して怠らない。

一方で、このような考え方に抵抗を覚える営業も多い。確かに短期で大型商談を受注することもあるだろうし、連戦連勝で商談を受注することもよくあることだ。年度の最後で一発大きな商談を受注すればすべてが帳消しになるかもしれない。しかし、サイコロの目が出る回数の話と同じで、年間を通してみれば、今の自分の実力に沿った平均値に落ち着く。それが一個人でなく、チーム、部門と組織全体であればなおさらだ。

実績を上げている営業はパイプラインの数字に敏感である。このことについては、いくら強調してもしすぎることはない。これらを踏まえて、パイプラインミーティングは、次の項目に注意して実施するとよい。

パイプラインの情報はクリーンか

次の条件に合致しているものを見つけて修正する。

- 受注予定日が過去の日付になっているもの
- 受注予定日が期末最終日に集中するなど、根拠なく入力されているもの
- 商談のネクストステップが過去2週間更新されていないもの
- 平均商談日数が極端に長いもの（平均商談日数の2倍が目安）
- フェーズ滞留日数が極端に長いもの（平均商談日数より長い）

・受注予定日が3回以上スリップしているもの

目標に対して十分なパイプラインがあるか

目標から逆算して、達成に十分なパイプラインがあるかを検証する。

・パイプラインの総額は売上目標に比べて十分か（目標数字の3倍）
・当四半期＋翌2四半期をめどに、売上目標に必要なパイプラインが作成されているか
・過去四半期の同時期と比較する
・各フェーズの分布は適正か。総額が同じでも初期フェーズの商談が多すぎる場合はリスクが高い
・新規と既存のミックスは適正か。極端に既存ビジネスに依存していると、将来にリスクがある

・特定の営業に偏っていないか。集中しすぎると商談をこなす時間がなくなり、リスクが大きくなる
・営業、インサイドセールス、代理店経由などそれぞれのソースから期待通り作成されているか

フォーキャストの誤差許容範囲

もう1つのフォーキャストミーティングの目的は、当月や当四半期など短期の売上目標に対しての進捗を確認することだ。

ＳＦＡが普及してから、以前に比べると商談管理についての理解が広がってきてはいるが、まだ受注確度（ヨミ）とフェーズ管理が混同されることも多い。**商談フェーズ管理は、商談の現状を正しく理解するためのものであり、フォーキャストの読みは必ずしもフェーズとは一致しない**。運用の際は、次のように商談フェーズとフォーキャストのカテゴリをマッチングさせる。

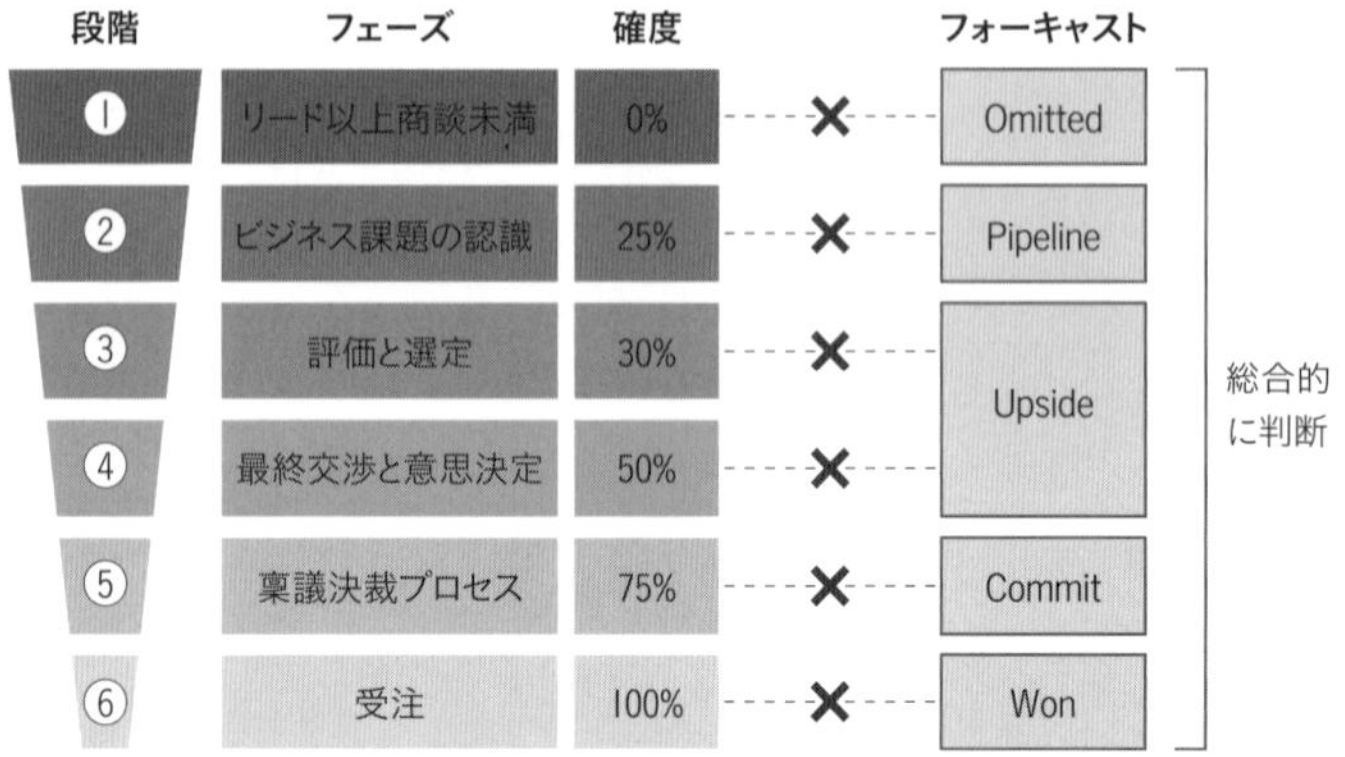

商談ステージとフォーキャストの関係。商談フェーズは現状を正しく理解するためのもの。フォーキャストは受注確度の総合判断

たとえば

フェーズ2は「パイプライン（商談初期段階で数字としては読めない）」

フェーズ3と4は「アップサイド（数字の上振れ要素になる商談）」

フェーズ5は「コミット（数字のヨミとして固い商談）」

といった具合だ。

しかし、商談期間が半年以上かかることが予想される大規模商談について、ただ進捗に合わせたカテゴリでフォーキャストしていては、受注直前になるまで数字としてコミットしないのかということになる。逆に商談期間が短いトランザクションビジネスが多い場合も同様である。フェーズ管理とフォーキャストは目的が異なることを明確にし、営業に徹底して理解させることが正しいフォーキャストを行う第一歩である。フォーキャストは主観が入っても、フェーズ管理は客観的に判断されなければならない。

パイプラインミーティングでデータの質が担保されていれば、フォーキャストミーティングは効率の良いものになるし、できていなければダラダラと意味のないものになる。

フォーキャストは組織の上に行けばいくほど責任が重くなり、営業マネジメントにとってストレスのかかる仕事である。しかし最終責任を負うのは上位マネジメントだとしても、営業一人ひとりが正確なフォーキャストを出し、その数字に責任を持つという意識を常日頃から徹底させなければならない。わずかな誤差が積み重なることによって、組織全体で見ればとんでもないギャップにつながりかねないからだ。

フォーキャストは、アグレッシブになりすぎて下方修正する羽目になるのもダメだが、コンサバになりすぎて投資に抑制がかかることも許されない。本来投資すべき時にアクセルを踏むことができず、成長機会を逃してしまうのは避けなければならない。**誤差については、上に10%、下に5%までなら許容範囲と考えるとよいだろう。**

以上の観点から、フォーキャストは正確に出すことが大切だが、正確さばかりに気をとられると、今あるものからどれだけ受注できるかという縮小均衡になってしまう。**正確な**

フォーキャストを出す以前に営業部門に課された絶対条件は「目標（予算）を達成すること」である。

以前に「私は一度もフォーキャストを外したことがない」と自慢する営業マネジメントがいたが、よくよく確認すると、予算よりはるかに低い数字のフォーキャストを出すことが頻繁にあった。これでは何の意味もないどころか、組織が成長せず、悪影響を与えるだけである。一方、できもしない数字を「必ずやります」と言って土壇場で「すみません」と言うのも当然ダメ。また常に予算の数字を目標にすればいいわけでもない。パイプラインを見て、予算を上回る可能性があれば、もっと高い目標を設定すべきだ。逆にどう考えても現実的ではないという時に「それでも予算達成を」と言っても現場は納得しないし、士気も上がらないだろう。

マネジメントはフォーキャストを精査する過程で、どこに部門全体の目標を設定すべきかを考え抜くのが仕事だ。予算からの逆算思考も大事だが、本当に組織を成長させるマネジメントは**「チャレンジだが、達成不可能ではない」**目標を設定する力に優れている。数字は不思議と意識したところに着地するものだ。

高精度のフォーキャストは3つの要素で組み立てる

マネジメントは、設定した目標をボトムアップで積み上げた数字で埋めていく作業を行う。ボトムアップで積み上げるフォーキャストは、次の3つの要素から検討する。

・各営業の積み上げ
・過去の受注率などの傾向値
・直感

営業の積み上げは、どのマネジメントでも当たり前にやっていることだが、それだけでは正確なフォーキャストを実現できない。過去の傾向値などのデータを集めて分析することによって精度を上げることができる。

過去の傾向を四半期単位で分析するレポートの一例を示そう。四半期単位でのフォー

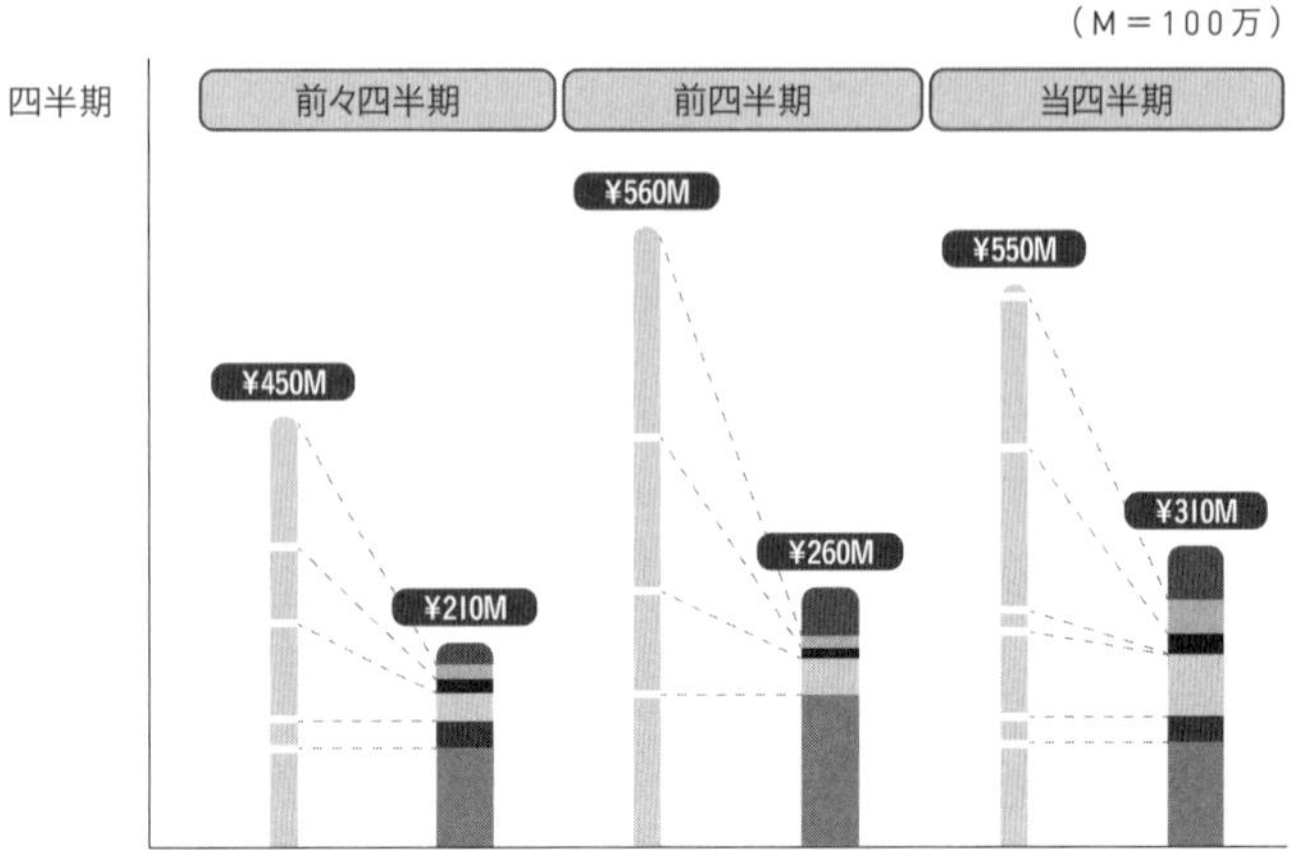

・各四半期の同じタイミング（初月の10日など）のスナップショットでパイプラインと最終着地を比較する
・商談フェーズごとに分類して、どのフェーズからいくら受注しているかの傾向を知る

パイプラインと最終着地のスナップショット

キャストを行うとして、今日がその四半期に入ってから10日目だとする。上の図では、細いグラフと太いグラフが2本で1セットになっている。左側の細いグラフはそれぞれ過去の四半期における同じタイミング（10日目）のパイプラインの合計をフェーズごとに分解したものだ。一方、右側の太いグラフは、各期末に着地した数字をフェーズごとに分解したものである。

従来のSFAではこのようなレポート機能を持っていないことが多く、スプレッドシートに抽出してスナップショットを管理するなどの手間がかかっていたが、最近はセールステック（Sales Tech）と呼ばれる営業関連のテクノロジーが発達し、これらを標準機能として提供するツールも登場している。このようにスナップショットのデータを取っていけば、営業が一貫した基準でフェーズを登録することによって、かなりの精度でフォーキャストが可能になる。また、期初に存在していないパイプライン（期中に作成されて、期中で受注する短期間の商談）の傾向もつかめるので、トランザクションビジネスにおいてもフォーキャストの精度を高める助けとなる。

各営業の積み上げと全体の傾向値を組み合わせればほぼ問題はないが、案外バカにならないのが**「直感」**である。直感とはあてずっぽうのヤマカンとは違う。実際には、記憶にあるものないもの含めて過去の経験から、このパターンは大丈夫、これはなんとなく危ないなどの判断をしている。根拠がないどころか、無意識に過去のデータを頭の中で整理しているＡＩのようなものだとも言える。

フォーキャストミーティングで最初にする質問

私はフォーキャストミーティングの最初に、営業やマネジメントに**「そのフォーキャス**

ト は何%くらいの自信があるか」と質問することにしている。100%という人はまずいない。答えは大体、次の3パターンに分かれる。

1 「80%」
2 「50%」
3 「相当チャレンジ含みですが、この数字をやるという意気込みです」

この質問をすると、フォーキャストの根拠が見えてくる。

「80%」という人はおよそ数字の組み立てができているはずなので、どの商談を計算に入れていて、リスクがあるとすればどの商談かを確認し、その判断が間違っていないか、別の角度からリスクは考えられないかを検討する。マネジメント経験の長い人はこのリスク検知能力があるので信頼できるが、経験の浅い人については根拠となる商談をきちんとレビューするまでフォローしたほうがよい。またこの回答をした場合には、フォーキャストを上回るストレッチゴールを設定することにより、高いパフォーマンスに導ける可能性がある。

「50％」という回答にはいろいろなパターンがある。心配性の人やリスクヘッジの目的で50％という人もいれば、パイプラインは十分だが、鍵となる商談が五分五分の可能性ばかりで上にも下にも振れる可能性があるというケースなど。このパターンのフォーキャストでは、どちらにも振れる可能性が五分五分の商談に対して早いタイミングで商談レビューを入れるなど、関係各部門のリソースを集中させて確度を高めていく。

「チャレンジ含みですが意気込み」というタイプは、もともとロジカルな組み立てが苦手な一発ねらいのタイプか、厳しいパフォーマンスが続いてこのままではまずいと感じている、あるいは危機感を超えて混乱しているケースなどが考えられる。要するに根拠がない状態だ。

このようなケースでのマネジメントの仕事は、冷静にパイプラインや個々の商談をレビューして、自分が考える現実的なフォーキャストはこうだと伝えること。それが目標を大きく下回る数字だとしても、**リアリティのある目標を設定して、この数字をまず達成するよう伝える**。それをクリアして達成感を味わうことによって、その営業の仕事ぶりは変わってくる。きちんと実行すれば結果が返ってくるという経験の積み重ねが、基本や原理原則を守ろうとする意識につながっていく。

営業部門全体で、どのレイヤーでも「80％」と答える人が多いなら、これほど楽なことはないが、必ず営業単位、部門単位でばらつきがある。組織の上位マネジメントの仕事は、**チーム内、部門内でお互いのリスクをカバーしながら、最終的に会社全体の目標を達成するチームプレイの意識を組織全体に植え付けることだ。**自分のフォーキャストの数字しか知らないという営業部門は、継続して良いパフォーマンスは出せないし、強い営業組織にはなれない。

営業一人ひとりの特性を知る

「各営業のフォーキャストの合計」＝「チームのフォーキャスト」となれば単純だが、そうはいかない。営業にはコンサバなタイプもいればアグレッシブなタイプもいる。どんなに基準を明文化しても完璧に統一することは現実的でない。同じ商談を見ても人によって判断が異なるし、そもそも誰の判断が正しいかは誰にもわからない。

多くの会社では「いかに営業がきちんと入力を行うか、営業フェーズや確度を標準化できるか」という話が中心になり、「結局うちの会社では無理」と諦めるケースが多いように思う。ガイドラインの設定は重要だが、異なる特性を持つ営業を標準化しようとせずに、**マネジメントが営業一人ひとりの性格やクセを理解して、アジャストしていくことのほうがはるかに現実的だ。**

マメに更新する人。ずぼらな人。やたら強気な人。リスクから目を背けたがる人。顧客が忙しくて連絡がつかないなど、相手に責任があるような記載が目立つ人。作文が上手な人。失注分析でいつも他責にする人。「正直厳しいです」と先に報告を上げておいてから、受注することが多い人。逆に「これは行けそうです」と良い報告をしてから「リスクが出ました」となることが多い人。顧客とのミーティングに同席すると、話がかみ合わないことが多い人。ミーティング終了後にきちんと顧客フォローをして、丁寧に進める人など様々なパターンがある。

いくつか具体的な例を挙げよう。商談の記載が細かくなってくると、営業がそれだけ状況がつかめている自信の表れと言える。細かく記載していても、自分はやるべきことをやっているということをほのめかしたり、普段マネジメントが「これができているか」と確認している内容を先回りして「これはできています。しかしリスクがあります」と書いているのは自己防衛や不安の表れ。石橋を叩いて渡るタイプの営業に確認を細かくしすぎると、ますますコンサバになっていき、しまいにはマネジメントの目に触れないように金額を小さく入れたり、フェーズを浅く浅く入れるようになる。

経験上言えることは、**全員の基準をぴったりそろえることは難しくても、個々人を見れば、その人なりに一貫性があるということだ。**つまり、それぞれのクセや考え方を理解すれば、フォーキャストの正確性や現状把握が楽になる。

営業の積み上げを単なるスプレッドシートの合計値と考えずに、一人ひとりの個性を理解した心理ゲームの要素も加味して考えると、フォーキャストそのものを知的なゲームとして楽しめるのではないだろうか。

私が365日欠かさない習慣

私がマネジメントになってから今も欠かさずに毎日行っている習慣は、**商談の全リストを上から下まで全件見ることである。**これは365日欠かしたことがない。毎日何度も見ていると、6月のフェーズ5の金額が減っている。商談のフェーズが5から4に下がっている。何が変わったんだろう。ネクストステップが昨日までは「7／11に本部長に上申」と書いてあったのに7／15に変わっている。単に予定がずれたのか。何か想定外のことが起こったのか……というように、ちょっとした変化に敏感になる。

本来、システムが自動検知して教えてくれるとよいのだが、私自身は毎日、商談の画面を見ることにより、営業一人ひとりの気持ちを感じ取れる気がするので、こだわりとして全件目視を続けている。

見ている項目はシンプルなものだが、読み取れる情報は多い。次ページに示した商談レポートが7／1時点のものだとすると、商談1は商談日数は長いがフェーズ滞留日数は6日間と短く、直近で進捗があったことがわかる。また7／20に取締役会決議が予定されており、ベンダーとしても選定されているので計算に入れられる。一方、商談2は同じフェーズでコミットの商談だが、まだ競合が残っている。本部長の合意を得るというステップが残っており、商談1よりリスクが高い。しかも商談金額が大きいので、部門全体のフォーキャストを固めるにはこの商談を精査することが不可欠である。商談3については、なぜステージ5に入って1か月半も経過しているのに、いまだに役員向け資料の作成

フォーキャスト					フェーズ		
商談名	金額(¥)	受注予定日	分類	競合の状況	商談日数	滞留日数	ネクストステップ
ステージ5							
商談1	7,500,000	7/25	Commit	ベンダーとして選定	105	6	7/20 取締役会にて決議予定
商談2	25,000,000	7/15	Commit	競合に優勢	149	60	7/13 本部長説明の後、合意が得られれば月末の取締役会を経て発注
商談3	13,000,000	7/31	Commit	ベンダーとして選定	104	46	7/8 役員向け投資対効果説明の資料の作成支援
商談4	4,000,000	7/15	Commit	競合として互角	32	12	7/3 最終価格提示
ステージ4							
商談5	6,700,000	7/23	Upside	競合として互角	215	49	7/10 役員向け最終プレゼン(競合3社)
商談6	4,500,000	7/31	Upside	競合として互角	246	65	7/15 本部長訪問アポ調整
ステージ3							
商談7	2,500,000	7/31	Commit	競合なし	4	4	7/20 他部門への横展開。予算承認済み
ステージ2							
商談8	15,000,000	7/10	Pipeline	競合に劣勢	193	49	7/3 先方担当者からの連絡待ち
ステージ1							
商談9	3,500,000	7/31	Pipeline	競合なし	1	1	7/5 製品デモ
商談10	5,000,000	7/31	Pipeline	不明	87	87	6/23 アポ確定

商談レポートの例（7月1日時点）

支援が終わっていないのか。商談4については、競合と互角にもかかわらずコミットにしているので、営業がフェーズの定義を理解していないか、更新漏れか詳細を確認したほうがよい。商談7については、他部門への横展開で競合なしとなればかなり優位な状況で、本来はステージ5の商談ではないかと考えられる。商談8はこの状況で10日後に受注に至ることは考えにくく、営業が受注予定日を正しく更新していない。商談10はネクストステップが過去の日付のうえ、87日も停滞しており、営業が何もフォローしていないのは火を見るより明らかだ。

全体目視の話をすると大抵「そんなことしているんですか！」と驚かれる。万人向きではないと思うので、もう少し絞り込んでチェックするポイントを挙げておこう。

フェーズ滞留日数が長い商談

商談日数が平均より長くても、フェーズ滞留日数が短ければ商談が動いているということなので、フェーズ滞留日数を確認するとよい。危険なのは、商談日数とフェーズ滞留日数が同じという商談だ。何もフォローされていないか、商談としては動いていない可能性が高い。

ネクストステップの日付だけ先送りになり、書いている内容が変わらない

「10／9 マーケティング部長に訪問」と書いていたのが、気づくと日付だけが後ろにずれていくケース。商談をコントロールできていないことがわかる。このような場合は、期日までに訪問が確定できなかった時は、どのようなアクションを取るのかという次の策をあらかじめ考えさせること。

フェーズが後退したもの

フェーズのダウングレードは本来あるべきではないが、想定外のことが起きたか、そもそもの見極めが甘かったのかを検証することにより、営業へのコーチングが変わる。

受注を確実にする8つの質問

ここまで、まず大まかに全体像をつかむこと、そして問題がどこにありそうかを見極めるための方法を説明してきた。最後に、個別の商談を受注にまで結びつけるためにチェックするポイントをいくつか挙げる。これらの質問を営業に投げかけることで何がネックになる可能性があるのか見えてくる。すべてが完璧にわかっていて、話が進むことはまずない。「何がわかっているか」よりも「何がわかっていないか」が明らかになることが重要である。

ネクストステップは何か。次のアポはいつか。確定していない場合は何待ちか

ネクストステップの欄に記載するのは「○月○日に訪問」などの行動予定ではなく、あるフェーズから次のフェーズに進めるために何が必要かである。行動を先に決めるのではなく、次に進めるために何をすべきかという発想を持つことは営業にとって良い訓練になる。またアポイントがなかなか確定しないということひとつを取っても、何がクリアされればアポイントが確定できるのかを考えない人は、ずるずると長引いてしまう。細かいことでも「なぜ？ どうして？」と考えるクセをつけること。

この会社は何をしている会社か。この会社のお客様は誰か。この会社にとっての競合はどこか

商談だけに集中している営業は、この当たり前の質問に意外と答えられない。相手の会社に対する関心を持たない限り良い提案はできない。また事業内容だけでなく、「顧客の顧客」や「顧客の競合」を知ることで理解が深まる。

意思決定のキーパーソンは誰か。なぜその人と判断しているのか

キーパーソンが誰かは大事だが、なぜその人と判断したかの根拠も大事だ。担当者がそう言っているだけでは弱い。組織の上下左右、いろいろな人と会話すること。また、ミーティング中の会話の様子などいろいろな情報を集めて、意思決定者とその人への影響力がある人（意思決定者が誰の意見を重要視するか）を理解すること。

役職は関係なく、「絶対に進めたい」と思っている人がいるか

意思決定者や予算を押さえること、役員会の日程の確認などができていたとしても、そもそも「この提案内容を進めたい」と思っている人がその会社の内部にいなければ、順調に進んでいるように見えても土壇場で止まってしまう。承認の最後の段階で、役員から「君たちは本当に結果を出す覚悟で取り組むんだね」と問われた時に「はい。ぜひやらせてください」と迷いなく言い切ってくれる人がいるか。

顧客が今期に発注する理由は何か

その会社のプロジェクトとして、いつまでに正式承認を取って進めなければならな

い、あるいは制度や法律の変更に対応しなければならないという明確な理由があるか。「そういう製品やサービスがあればいいけれど、なくてもすぐに困るわけではない」というものの場合、この点をクリアするのは容易ではない。「いつまでに成果を出しましょう。そのためにいつから始めましょう」という話や、「コンペリングイベントを作る」というテクニックもあるが、毎回再現するのは現実的ではない。その場合は顧客に「いつまでに発注をお願いしたい」と率直に伝えることも大事だ。ギリギリのタイミングで「お願いします」と伝えたために「そんなことなら、もっと早く言ってくれればよかったのに」と言われたケースをこれまで山ほど見てきた。

予算を持っている人は誰か

どの部門の予算を使うかに鈍感な営業が多い。予算を持っている人が最も発言権が強い。実際に利用する部門と予算を持つ部門は異なるケースがあるので、早い段階で確認すること。

顧客の企業文化は

プロセス重視で例外を認めないカルチャーの会社もあれば、臨時で経営会議を開いたり、経営陣どうしがすぐに会話してくれる会社はスピードが速い。前者の場合はプロセス後半の受注タイミングにリスクが大きくなる。

もし何もしなかったとしたら

以前にビジネススクールで、大きな投資を決断する時は「Do Nothing」も立派な選択肢だということを教わった。導入効果を求められるのは当然だが、始めてみないとわからないのも事実。仮説の状態で導入効果を精緻にシミュレーションしようとするよりは、「何もしなかったらどうなるか」を考えるほうがはるかに有効である。

顧客は「何もしなかった場合」を想定しているか。

営業組織のDNA

営業部門のDNAを作り上げるために、私がチームのメンバーに繰り返し伝えてきたことを紹介しよう。

▼成長のための成長はしない

成長は、顧客へ継続的により良いサービスを提供するための手段であり目的ではない。営業中心のカルチャーでは、数字ありきの破壊的な営業が組織に台頭してくる。成長という手段が目的にすり替わってはいけない。

▼もし1か月前に戻れるとしたら

失注した時、この質問に真摯に取り組めば、失敗の数がそのまま力になる。一流になりたいと思うなら、失敗や嫌なことから目を背けてはならない。

▼失注の時にこそ会社の品格が問われる

マネジメントになりたての頃、失注が明らかになった商談で動揺が顔に出てしまい、お客さんから慰められたことがある。顧客が時間をかけて行った意思決定を尊重し、失注した時こそ爽やかに。

▼スピード感のある営業とは

営業のスピード感とは、レスポンスが早い、自ら提案を持ってくる、次に検討するべきことを示してくれるという意味だ。スピード感のない営業はすべてこの逆。スピード感を持って顧客に求められる営業になること。

▼期初の1日と期末の1日は同じ24時間

期末になるとあわてて顧客を訪問して最後のお願いをする営業は多いが、期初ならありとあらゆる選択肢がある。そう考えれば期初の1日の大切さが実感できるだろう。

第10章 カスタマーサクセス

カスタマーサクセスは会社の文化

この数年、カスタマーサクセスへの注目が高まっている。特にＳａａＳに代表されるサブスクリプションモデルの企業では、当たり前のようにカスタマーサクセスが置かれるようになってきた。それまでのソフトウェア業界は売り切り型のモデルだったため、販売までは熱心だが、購入した後は音沙汰がなくなる。企業と顧客の関係の多くはそういうものだった。それがＳａａＳのモデルになると、ベンダー側は毎年の契約更新をしてもらわなければ採算が取れない。一方、ユーザー側も導入したからにはきちんと成果を出したい。

カスタマーサクセスは、双方の利害が一致したところに生まれた部署であるという点が画

期的であり、競合他社との差別化につながった。

製品やサービス導入後の顧客の成功が重要であることに疑問の余地はない。しかし、「御社のカスタマーサクセスはどのような役割なのですか」と聞くと、従来の既存顧客担当営業との差がわからないというケースも見られる。自社のビジネスにおいて、「何がカスタマーサクセスなのか」を突き詰めて考えなければならない。

カスタマーサクセスのステージ設計

単に購入後も顧客をフォローするというだけであれば、既存顧客担当営業やカスタマーサポートと変わりはない。ここでもマーケティングや営業の章で説明したように、顧客の成功という「ステージ」を定義し、今、顧客がどのステージにいるかを計測、判定し、どのようなステージ変遷を経て導いていくかを考えなければならない。

たとえば、会計システムや経費精算、生産管理のようなバックオフィスの基幹業務であれば、システムが問題なく稼働することに価値がある。そもそも日常業務において使わざ

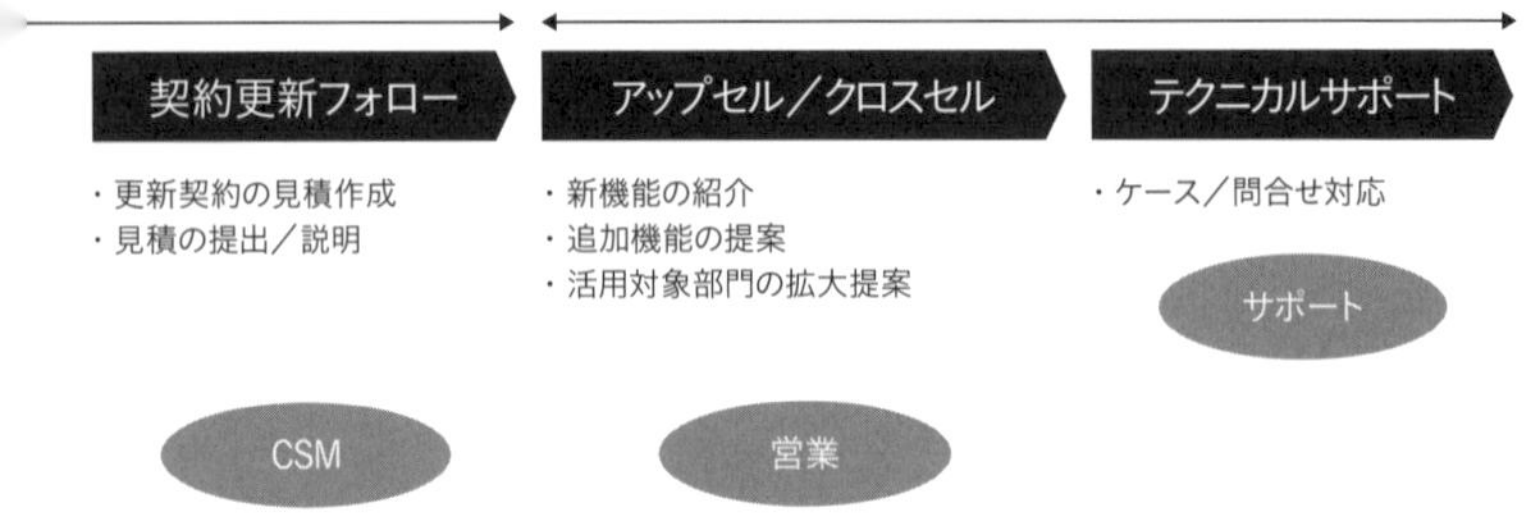

るを得ない仕組みなので、活用が進まないという問題は起きにくい。また、一度システムを使い始めれば、よほどのことがない限り、わざわざ定期的に競合と比べて乗り換えを検討することもないだろう。しかし、ＳＦＡやＭＡのようなツールはなくても仕事は止まらないし、企業によって様々な利用用途が想定される場合は、活用促進が重要になる。

上の図は、契約後にどのような業務プロセスが存在するかを表したものだ。契約後にはまず**「オンボーディング」**と呼ばれるプロセスが存在する。どのようなサービスにおいても、顧客になって最初の体験がその後の方向性を決める。特に顧客のリテンションがビジネスの成否に直結するＳａａＳのようなサブ

オンボーディング	導入支援	活用促進
・契約処理 ・窓口／体制説明 ・サポートケース登録方法の案内 ・トレーニング／コンサルメニュー紹介 ・導入コンサルへの引継ぎ	・お客様ゴール共有 ・活動計画 ・進捗PDCA ・CSMチームへ引継ぎ ・セッション終了ミーティング 　（CSM紹介）	・活用プラン策定 ・プログラム紹介 ・活用度Check 　・活用スコア 　・ゴール達成度 　・ケース登録数 等 ・成熟度アセスメント ・顧客満足度の調査 ・セミナー開催案内 ・ユーザー会案内 ・トレーニング／ 　コンサルの追加提案 ・機能Updateの説明 ・中間Check-In ／ 　QBR（月次 or 四半期）
営業	導入コンサル	CSM （カスタマーサクセス マネージャー）

契約後プロセスと活動内容。契約後は様々な部門が絡む。抜け漏れを防ぐため、「誰が、いつ、何をするか」を明確化する

スクリプションモデルでは、最初に顧客が安心してサービスを利用できる環境づくりが欠かせない。そのため、窓口や体制の説明、サポートへの問い合わせ方法のガイド、トレーニングやコンサルタントのメニュー紹介、担当者への引継ぎを丁寧に行う。その後、導入支援、活用促進、契約更新とプロセスが進むにともない主担当者は変わっていくが、それぞれのプロセスが分断されないように関連部門が一体となって顧客をサポートしていく。**これら全体の総称がカスタマーサクセスである。**この章ではマルケトの例も交えながら、いかに顧客にサービスを活用してもらうかを目的としたカスタマーサクセスの組織について紹介する。

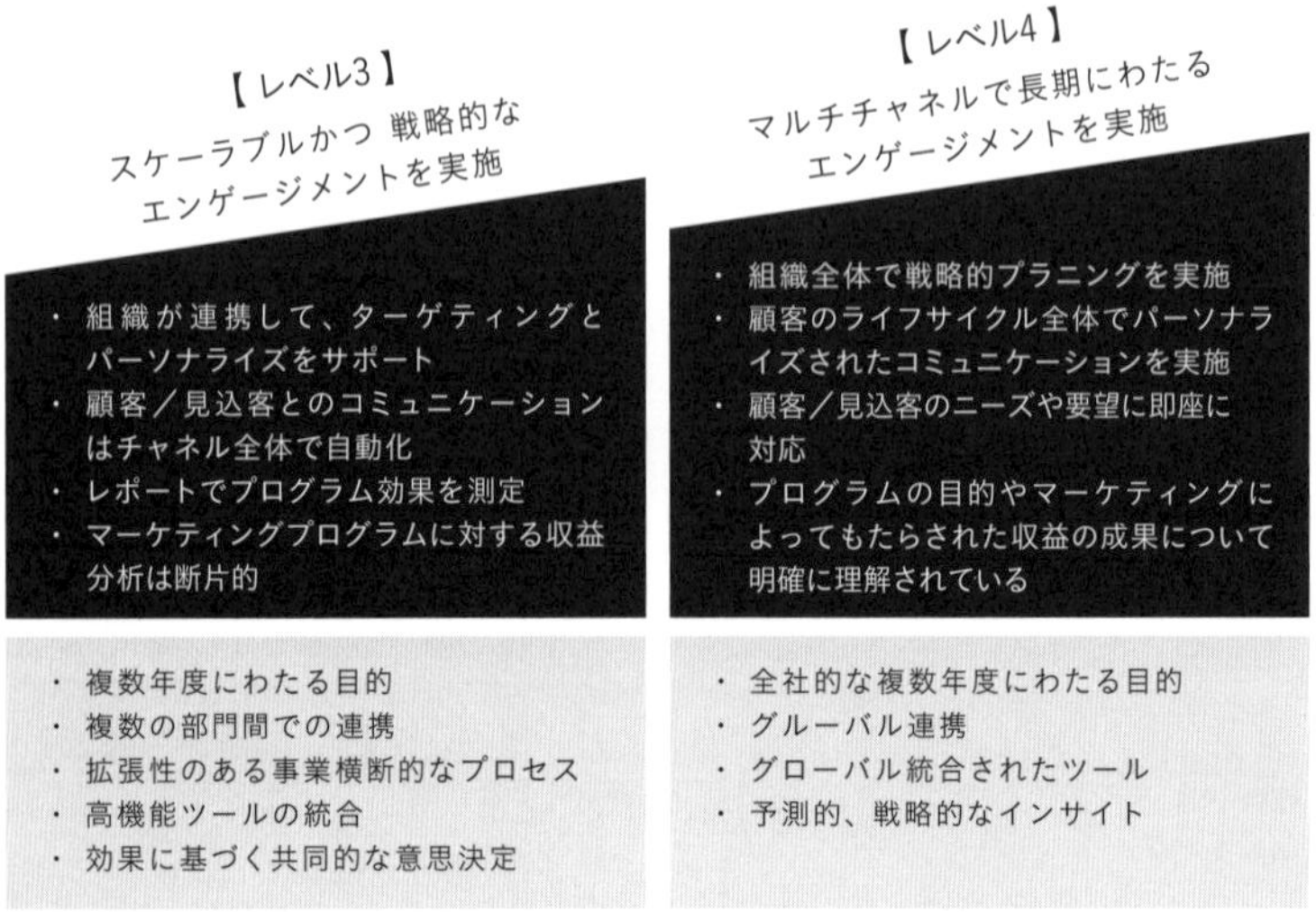
【レベル3】
スケーラブルかつ 戦略的な
エンゲージメントを実施
・組織が連携して、ターゲティングとパーソナライズをサポート
・顧客／見込客とのコミュニケーションはチャネル全体で自動化
・レポートでプログラム効果を測定
・マーケティングプログラムに対する収益分析は断片的
・複数年度にわたる目的
・複数の部門間での連携
・拡張性のある事業横断的なプロセス
・高機能ツールの統合
・効果に基づく共同的な意思決定
【レベル4】
マルチチャネルで長期にわたる
エンゲージメントを実施
・組織全体で戦略的プラニングを実施
・顧客のライフサイクル全体でパーソナライズされたコミュニケーションを実施
・顧客／見込客のニーズや要望に即座に対応
・プログラムの目的やマーケティングによってもたらされた収益の成果について明確に理解されている
・全社的な複数年度にわたる目的
・グルーバル連携
・グローバル統合されたツール
・予測的、戦略的なインサイト

■顧客の活用成熟度を測るマチュリティカーブ

マルケトでは**「マチュリティカーブ(Maturity Curve)」**と呼ばれる4つのステージで、顧客の活用成熟度を測っている。上の図は、それをまとめたものだ。

マルケトが提供しているのは、マーケティングオートメーションを可能にする製品群だ。顧客はマルケトのツールを導入し、自社のデータを載せて業務を回し、様々なマーケティング施策を展開することができる。高度な使い方をしている企業ほど成熟度が高いと見なされるわけだが、4つのステージのどこにその顧

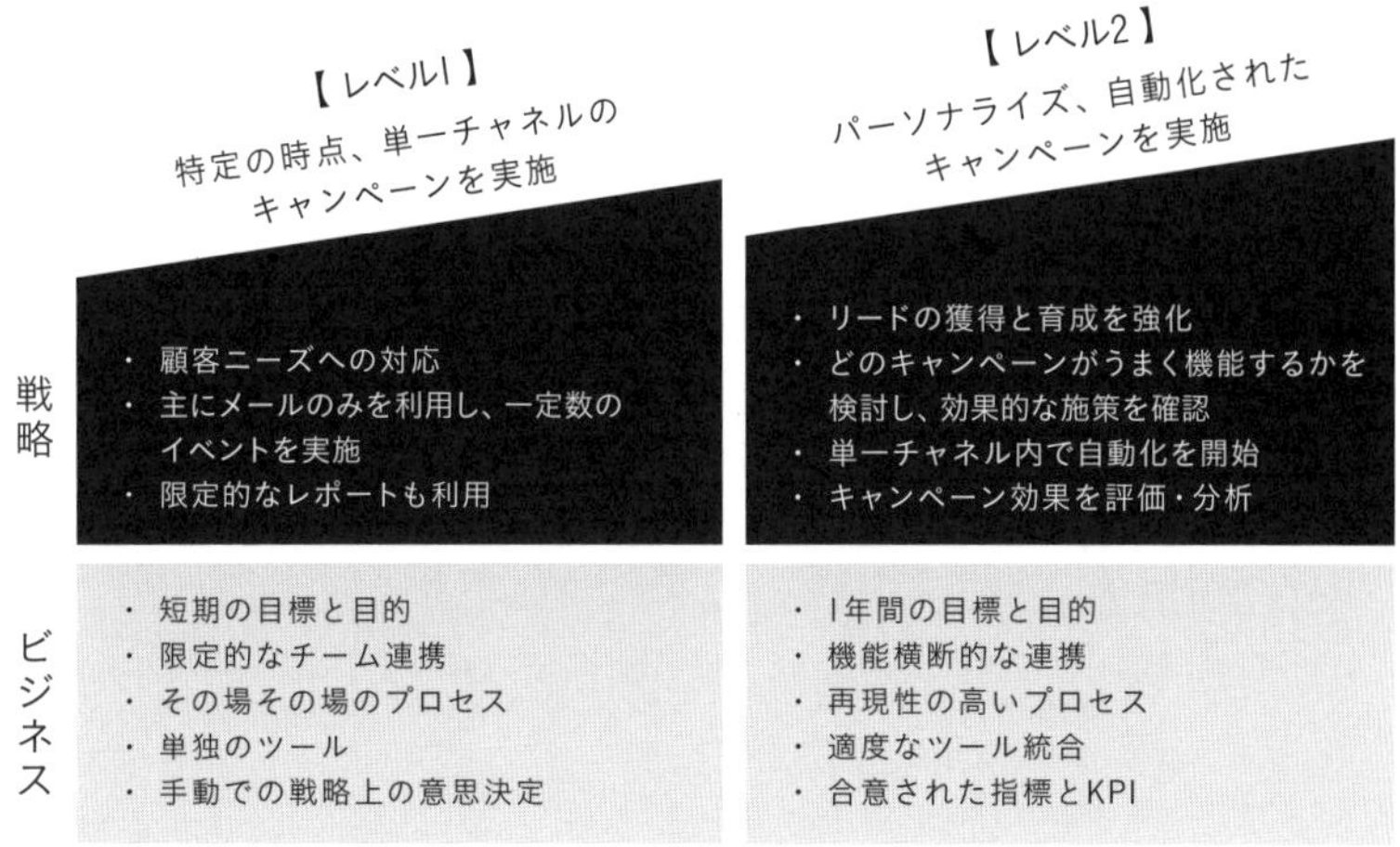
【レベル1】
特定の時点、単一チャネルの
キャンペーンを実施
【レベル2】
パーソナライズ、自動化された
キャンペーンを実施
戦略
・顧客ニーズへの対応
・主にメールのみを利用し、一定数のイベントを実施
・限定的なレポートも利用
・リードの獲得と育成を強化
・どのキャンペーンがうまく機能するかを検討し、効果的な施策を確認
・単一チャネル内で自動化を開始
・キャンペーン効果を評価・分析
ビジネス
・短期の目標と目的
・限定的なチーム連携
・その場その場のプロセス
・単独のツール
・手動での戦略上の意思決定
・1年間の目標と目的
・機能横断的な連携
・再現性の高いプロセス
・適度なツール統合
・合意された指標とKPI

マチュリティカーブの例。製品・サービスへの成熟度をアセスメントする

客がいるかは、システムの利用状況から自動的に判断される活用スコアと、実際に顧客と接点を持つカスタマーサクセスの担当者の主観を加えて決定される。

レベル1では、まずシンプルにメールを活用した単一チャネルのキャンペーンからスタートする。これまでは特に顧客をセグメントせず、一括配信のメールマーケティングしか行っていなかった企業にとって、いきなりあれもこれもと欲張るのは大きな負荷がかかるので、ウェブサイトのトラッキングによる顧客データの収集、基本的なセグメンテーションによるメール配信の実施を行うところからスタートする。いわば、マーケティングの基礎編にチャレンジするステージだ。

レベル2に移行すると、リードの獲得から育成のフェーズを意識した取り組みがスタートする。属性によるセグメント配信から行動データをもとにしたキャンペーンを実施し、パーソナライズのレベルを高めていく。これによって、レベル1よりも育成ステージのコンバージョンを高めていく。

レベル3では、単一チャネルから複数チャネルの活用に広げていく。ここでは、チャネルの多様化だけでなく、取り込む顧客データを増やす観点で企業内の他のシステムとの連携を行う。データをつなぐことによって、それぞれのマーケティング施策が実際の売上につながっているかなど、効果測定が行われていることもレベル3の特徴だ。

最近、日本でも少しずつレベル4に到達した企業が増えてきたように思う。これはレベル3の取り組みを、全社レベル、あるいはグローバルに展開する最も成熟度の高いステージだ。いわゆる商談作成にとどまらず、既存顧客のリテンションなど、カスタマーサクセスまで広げて顧客のライフサイクル全体で活用するレベルである。このような全社的な動きに広がってくると、マーケティングオートメーションは、レベニューモデルのプロセス全体を支える、基幹システムの位置付けとなることが理解できるだろう。

■顧客のヘルスチェック

顧客がマチュリティカーブのどの段階にいるのかは、利用状況のデータだけでなく、実際に顧客と接しているコンサルタントやカスタマーサクセスマネージャー（CSM）の判断も加味して顧客と意識合わせをしていく。このようなデータと主観、オンラインとオフラインを組み合わせた分析は、顧客のヘルスチェックにも活用できる。次のページに顧客へルスチェックシートの例を示しておく。

このシートでは、ヘルスチェックのデータカテゴリを4つに分けている。**「ビジネスポテンシャル」**は、自社サービスの契約金額、年商、従業員数など基本的な企業情報に加えて、成長企業、マーケティング予算が増加している企業、海外展開に積極的な企業、増益企業など、外部の企業データベースの情報も組み合わせて、今後の拡大余地が見込める企業を見つけるための指標だ。

カスタマーサクセスでどの顧客をフォローするかを決める際、単純に現在の契約金額や企業規模だけで優先順位をつけていると、本来フォローすべき会社が抜け落ちてしまう。

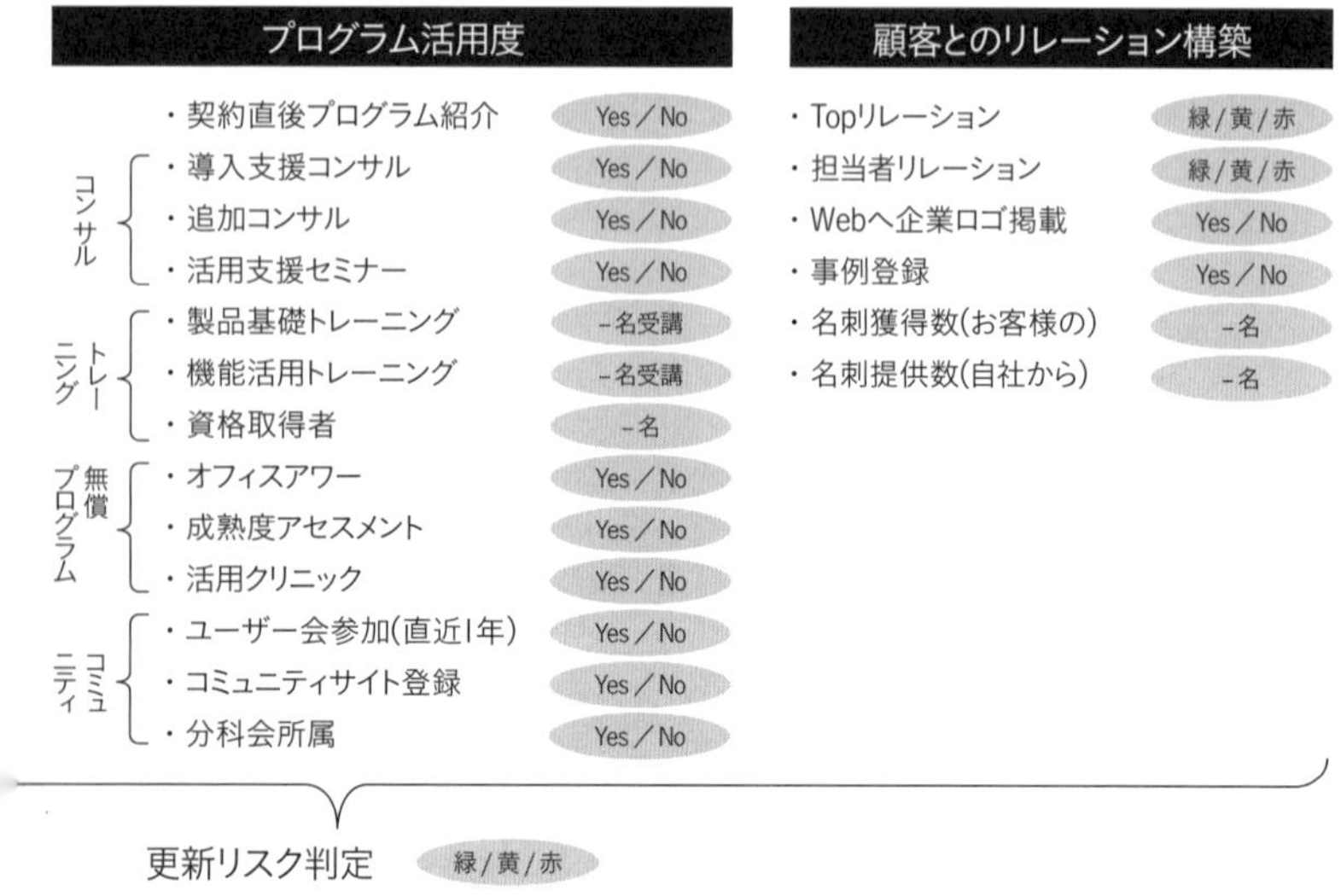

プログラム活用度

	項目	評価
	・契約直後プログラム紹介	Yes／No
コンサル	・導入支援コンサル	Yes／No
	・追加コンサル	Yes／No
	・活用支援セミナー	Yes／No
トレーニング	・製品基礎トレーニング	－名受講
	・機能活用トレーニング	－名受講
	・資格取得者	－名
無償プログラム	・オフィスアワー	Yes／No
	・成熟度アセスメント	Yes／No
	・活用クリニック	Yes／No
コミュニティ	・ユーザー会参加(直近1年)	Yes／No
	・コミュニティサイト登録	Yes／No
	・分科会所属	Yes／No

顧客とのリレーション構築

項目	評価
・Topリレーション	緑／黄／赤
・担当者リレーション	緑／黄／赤
・Webへ企業ロゴ掲載	Yes／No
・事例登録	Yes／No
・名刺獲得数(お客様の)	－名
・名刺提供数(自社から)	－名

更新リスク判定　緑／黄／赤

たとえば、大手企業で将来拡大の余地は大きいが、現在は部門の試験利用で契約金額が小さい企業、スタートアップで急成長している企業などだ。

「製品活用度」は利用データをもとにした活用スコアも重要だが、見逃せないのはカスタマーサポートに来る問い合わせ件数やその質である。基本的な機能に関する問い合わせが何度も来たり、顧客側の運用担当者が1名しかおらず、いつも負荷がかかっている様子が感じられるケースは赤信号だ。

一方、現場担当者はサービスに満足しているが、いざ経営層と会話をするとまるで効果を実感していないというケース

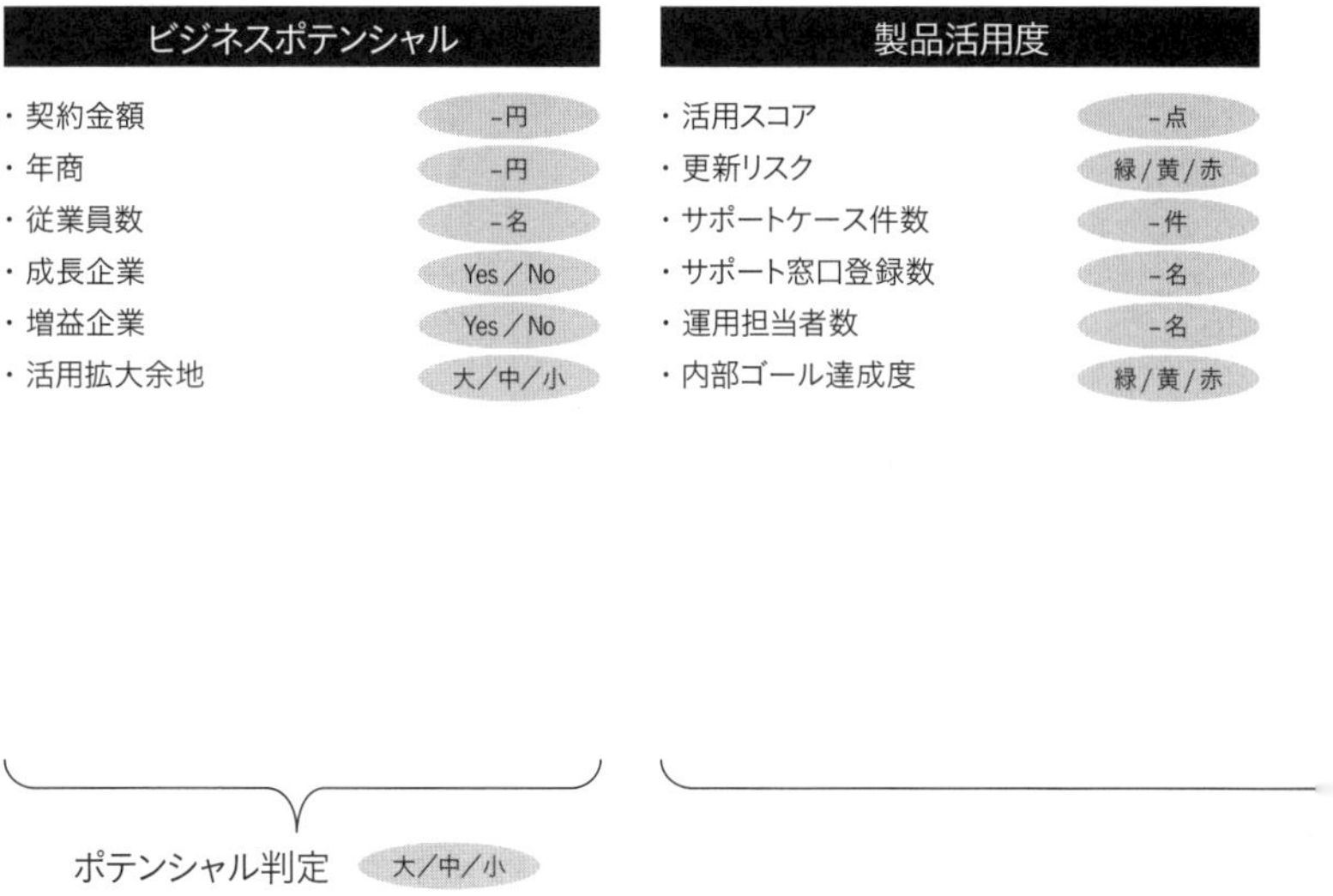

ビジネスポテンシャル	
・契約金額	-円
・年商	-円
・従業員数	-名
・成長企業	Yes / No
・増益企業	Yes / No
・活用拡大余地	大／中／小

製品活用度	
・活用スコア	-点
・更新リスク	緑／黄／赤
・サポートケース件数	-件
・サポート窓口登録数	-名
・運用担当者数	-名
・内部ゴール達成度	緑／黄／赤

ポテンシャル判定　大／中／小

顧客ヘルスチェックシートの例

もある。そもそもの導入目的が何かを共有し、四半期ごとのビジネスレビュー（QBR）などを通じて、活用度を正しく総合的に判断していかなければならない。

「プログラム活用度」は、マルケトが提供するセミナーやトレーニングなどのプログラムにどの程度参加しているかを測るものだ。有償のコンサルティングやトレーニングだけでなく、定期的なユーザー会への参加、オンラインコミュニティへの投稿が活発な人は心理的なロイヤルティも高いと判断することができる。

最後に欠かせないのが**「顧客とのリレーション構築」**だ。B2Bにおけるへ

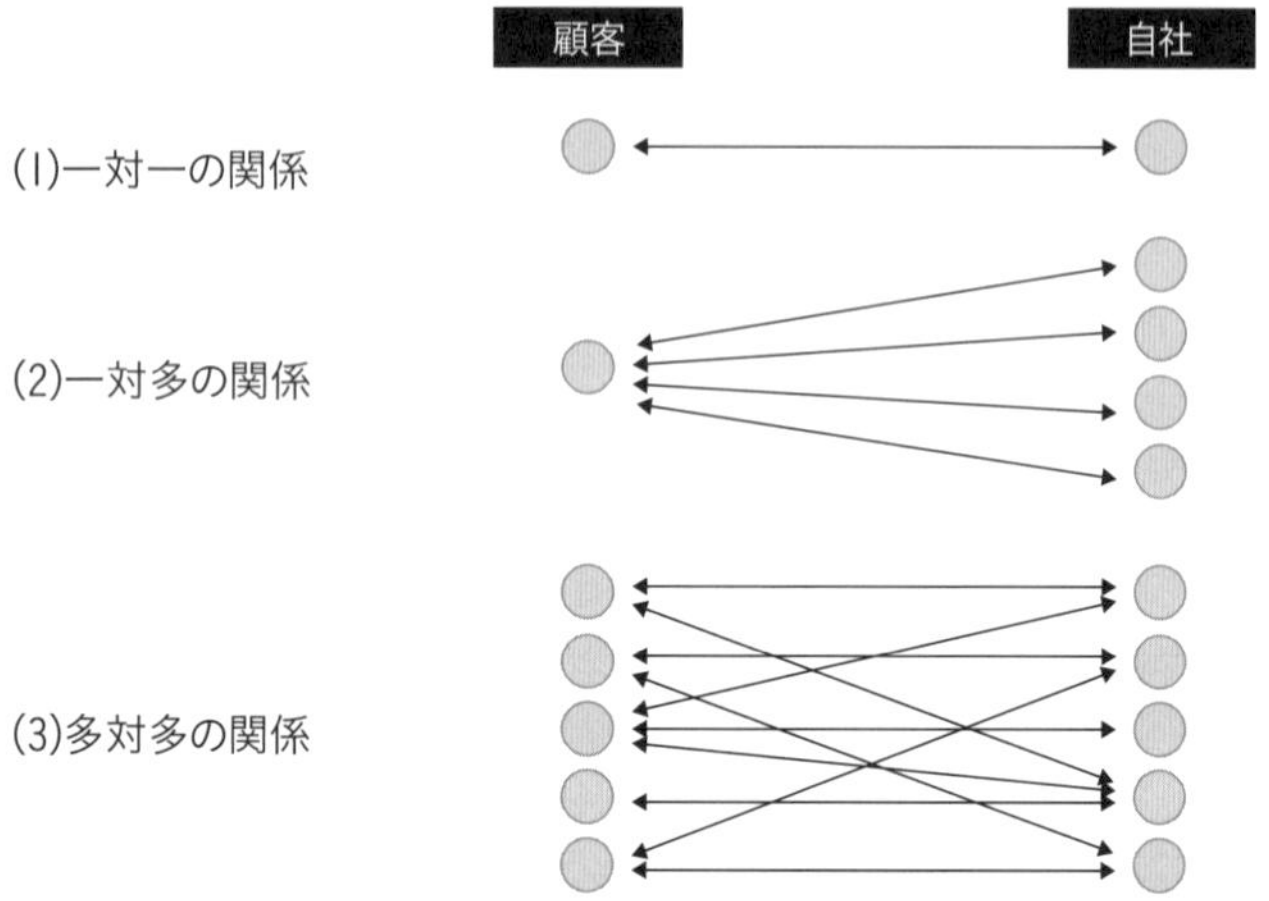

顧客とのリレーション

ルスチェックの難しさは、相手が個人ではなく企業ということだ。関係者が複数存在すると、ある人はとても満足しているが、他のメンバーは不満を持っているということも当たり前のように起き得る。

　上の図にあるように、双方が一対一の関係ではダメなのはもちろんだが、意外と多いのは自社は営業、マーケティング、コンサルタント、サポートなど様々な部門で対応しているが、顧客側の登場人物が少ないパターンだ。企業対企業の関係を作るためには、これでは弱い。顧客リレーションの図のうち、「多対多」の関係を築けているかを、特に重要アカウントについては定期的にチェックするべきだ。

ユーザーコミュニティの重要性

ここまで顧客がステージを移行していくプロセスについて解説してきたが、その理想形は、終点がロイヤルカスタマーという直線的なモデルではなく、**ロイヤルカスタマーから再び認知拡大へとつながっていくループ型である。**しかし、リニアなモデルの始点と終点をつなげればループになるかというと、そう単純な話ではない。循環を生み出すには、いくつもの仕組みとそれに関わる人たちが必要になる。

マルケトでこの重要な役割を担っているのが、ユーザー会の存在だ。日本法人がスタートしたのは2014年6月だが、その時点でグローバル企業の日本法人が50社近くマルケト製品を利用していた。これらのユーザー企業は皆、日本法人ができるのを待ち望んでくれていた。話を聞いてみると、米国本社と契約して使ってはいたものの、日本語のトレーニングやサポートがないので、なかなか利用が進んでいない。このまま「日本の契約ではないから関係ない」と見過ごしていては今後の成長の大きな足枷になる。とはいえ、当時はマルケト社員も片手で足りる人数しかおらず、体制が整っていない。そこで顧客が互いに助け合えるコミュニティとして、ユーザー会を立ち上げるところからスタートした。

3か月後の8月に第1回の国内ユーザー会が発足し、50名を超えるユーザーが参加してくれた。その年の12月には日本契約のユーザー企業も増えて、100名を超える参加者があった。今では、毎回数百名が参加する巨大なコミュニティに成長している。

マルケトのユーザー会はユーザー対ベンダーではなく、ユーザー中心の集まりである。このコミュニティで活躍している人たちがアドボケーター（主唱者）となってマルケトが目指すマーケティングのあり方を議論し、世の中に発信してくれればこれ以上のマーケティング活動はない。

カスタマーサクセスに向いている人材とは

カスタマーサクセスという概念はまだ新しいので、どの企業でもどのような人材に任せるべきか悩むのではないだろうか。私の個人的な意見となるが、いくつかの企業におけるカスタマーサクセス導入を見て、次のようなポイントが重要だと考えている。

「活用支援」と「契約更新」のリソースは分けて考える

カスタマーサクセスといえば、「活用支援」や「ユーザーに愛されるには」といったイメージが強いと思う。しかし、サブスクリプションモデルで契約更新を目的にすると考えると、きれいごとばかりではない。更新時の価格交渉、問題が起きた時のトラブル対応など仕事は山ほどある。「活用支援」と「契約更新」の両方を上手にこなせる人はまずいない。そもそも求められる人材もそのスキルも違う。自社の事業でカスタマーサクセス内にどのような役割が必要かを整理して、それに合ったプロファイルの人をアサインすることが重要だ。

社内のハブになれる人が成功する

これまでは営業が社内のあらゆるリソースを集める中心的な役割だった。しかし、その役割は今、カスタマーサクセスに移りつつある。今までのプリセールス／ポストセールスといった区分けではなく、営業、コンサルタント、カスタマーサポートはもちろんのこと、マーケティング、製品開発へのフィードバックに至るまで社内のほぼすべての部門とコミュニケーションを取らなければならない。「自分の役割はここまで」と限定するようなタイプや、周りの人を巻き込まずに自分一人で解決しようとする人には向かない仕事だ。

「顧客に教える」ではなく「顧客に学ぶ」人

活用支援においては、どのように進めればよいか迷っているユーザーを指南しなければならない。教えを請われることも多いので、だんだん自分が先生のように「教えてあげる」というモードになっていく。しかし、これは危険な兆候だ。ある時点では革新的な製品・サービスであっても、顧客はどんどん学び成長していく。自分が成長しなければ、あっという間に顧客に追い抜かれる。自分が知っていることを教えるのではなく、顧客から学びながら自分をバージョンアップしていく向上心が、カスタマーサクセスには求められる。

カスタマーサクセスと営業が融合する時代へ

　これからは、カスタマーサクセスと営業は融合するだろう。すでにＳａａＳの業界ではその兆候が見えている。今までとは異なる課金体系である**コンサンプションベースの課金（利用量に応じた課金）モデルが増えてきたからだ。**

　これまでは、サービスのユーザー数やデータベースの使用量をあらかじめ取り決めて契約することが一般的だった。その範囲内であれば実際に使っても使っていなくても課金するというモデルである。

　しかし、コンサンプションベースの課金では、契約時には料金は確定しない。つまりせっかく新規契約しても使われなければ売上につながらない。**これからは、新規契約を獲得するという仕事の重要性は薄れていき、中長期的に利用・拡大につなげられる能力を持った人材が中核的な存在としてますます必要とされる時代になるだろう。**そこでは、カスタマーサクセスと営業の距離は縮まり、次第に融合していくことになる。

カスタマーサクセスの評価指標

最後に、カスタマーサクセスの業績評価について触れておこう。次の指標が一般的に使われているものだ。

・総契約更新金額
・実際に契約更新した金額
・総契約更新件数
・実際に契約更新した件数
・チャーン（解約率）
・活用スコアなどの定着を測る指標
・ヘルスチェックのスコア
・アップセル／クロスセル

・NPS（ネットプロモータースコア）

ここでは、それぞれの指標についての解説はしないが、いくつか注意点を挙げておく。まず、チャーン（Churn）はカスタマーサクセスが最も意識すべき指標だが、解約には様々な理由がある。過大な期待値の設定など自社の営業に問題があることもあれば、顧客側の組織変更や業績の低迷など、双方に多様な理由が存在する。

このためカスタマーサクセスの業績評価を、契約更新率に対する達成度で給与に連動させようとすると不公平感が生まれてしまう。自分たちではどうしようもないことが多々あるからだ。会社として目標とすべき契約更新率を設定しつつ、MBO（Management By Objectives）やOKR（Objectives and Key Results）のような目標設定を別に持つことが望ましい。

アップセルとクロスセルについても、カスタマーサクセスの売上貢献を測る目安とするのはよいが、本当にカスタマーサクセスが貢献したのか、営業が貢献したのかの判断は難しい。業績給として給与に連動すると、部門間で争いのタネになりかねない。インサイドセールスの章でも説明した通り、部門をまたがる指標については、各部門がどのような行動に走るかについて十分に注意を払ってコンペンセーション設計をしなければならない。

第4部

3つの基本戦略

第11章 市場戦略

アクセルを踏むべき時

マルケトの社長就任が決まってから、私は何人かの起業家や外資の日本法人社長を務めた人に話を聞きに行った。その時にもらったアドバイスでいちばん印象に残っているのは「アクセルを踏みすぎて失敗した企業よりも、アクセルを踏むべき時に踏まないまま失敗した企業のほうが圧倒的に多いと思うよ」と言われたことだ。

この話をいろいろな人にすると、「やっぱり利益とか考えずに、最初はがんがんアクセル踏まなきゃダメですよね」と解釈する人が多い。しかし、「アクセルを踏む」というのは、単に大量採用したり、イベントや広告、マーケティングに投資しろと言っているのではない。戦略を決めて、実行のスピードを上げろということであって、派手にお金を使えばいいという話ではないのだ。

特にSaaSの事業に関わっている人は、「現在の投資は将来への先行投資であり、トップラインの成長が大事」と都合のいいところだけを取り上げて、経営全体を考えずに無謀なアクセルを踏む人が多いように思う。同じSaaSの事業でも、競合がいない新しい市場であれば、先行者利益を得るため、採算度外視でマーケットシェアを取りに行くことで大きなリターンを期待できる。一方、もともと潜在市場が小さいニッチなマーケットなら、最初から利益率を意識しなければ、たとえ市場を取り切ったとしてもリターンは得られない。潜在市場の規模、獲得可能なマーケットシェア、競合など、様々な要因を考慮して、中長期の成長戦略を描くことが求められる。

第3部では、マーケティングからカスタマーサクセスに至る、売上を作り出すプロセスについて説明した。この第4部ではそれを踏まえて、CROがプロセスを機能させ、ビジネスを成長させるために重要な次の3点にフォーカスしたいと思う。

1　市場戦略：「Go-to-Market Plan」は、マーケティングや営業などすべてを統合した「市場開拓戦略」「顧客獲得戦略」と訳されることが多い。本書では「市場戦略」と表記する

2　リソースマネジメント：その戦略を実行するために人やリソースをどう割り振るべきか

3　パフォーマンスマネジメント：目標に至るステータスをどのような指標で測るべきか

すべての会社に当てはまる説明は難しいので、以降はマルケト日本法人の立ち上げを例にとって解説したい。

売上目標へは何通りもの道がある

たとえば「年間売上100億円」を目標に設定したとする。200社から5000万円ずつ売上を上げるビジネスと、5000社から200万円ずつ売上を上げるビジネスでは、やるべきことがまるで違う。エンタープライズ市場とSMB市場をどう攻略するか。

マルケト日本法人のビジネスを立ち上げるにあたって、私はこの中間のパスをたどると決めた。

ＳａａＳはサブスクリプションモデルなので、年間５０００万円は高価格帯である。大企業向けに価格を上げれば利益率が良さそうに見えるが、競合他社から大口顧客を数件ねらい撃ちされてリプレースされてしまうと、一気に経営基盤が崩れるリスクがある。また、高価格であればあるほど、受注までに長いサイクルがかかってビジネスの立ち上がりが遅れてしまう。

一方、低価格のものは幅広い企業に販売しやすいし、受注までのサイクルも短いので、ビジネスの立ち上がりは早く、顧客数を伸ばすことは比較的容易だ。そのため、この道を選ぶ企業も多い。しかし、新規顧客獲得のペースは時間が経つにつれて鈍化していくことは避けられないし、解約率は高くなっていく。成長を維持するためには顧客カバレッジを広げる必要があり、労働集約型に陥るデメリットもある。

私はこれらを踏まえて、**マルケトの場合はエンタープライズ市場とＳＭＢ市場の両方に、それぞれ均等に投資するという戦略を採用した。**

「選択と集中」ではなく「二股」モデル

このように異なる市場セグメントに均等に投資する戦略を**「Bifurcation（二股）」モデル**と呼ぶ。一般的には、成功の法則として「選択と集中」が言われる。IT業界でも、まずエンタープライズ市場で実績を残し、次にSMB市場を攻略する、あるいはその逆の順番で市場を押さえていく会社が多い。経営のセオリーから考えれば、まずは特定の市場に集中すべきだと考える人が多いのだろう。「リソースの集中」という観点からは、確かに絞り込むほうが正解なのだが、1つのセグメントに集中して地固めをしてから、次のセグメントを獲得することにはリスクもある。

まず、セグメントごとに競合がいるため、先手を打たなければ市場シェアを取られてしまう。1つの市場を固めて次に行こうと思った時には、もう参入できるチャンスがなくなっている可能性がある。

また、特定のセグメントだけに集中すると、市場での印象と社内のDNAが固まってし

	SMB市場	エンタープライズ市場
市場攻略のメリット	安定したビジネス基盤	アップサイドをねらう成長基盤
市場の選定と商談発掘	広く網を張る	網を張る場所を決める
メッセージング	プロダクトマーケティング	ソートリーダーシップ
セールス	Volume×Velocity（数と回転率）	Value（金額や価値）
	予算の有無を確認	予算を作り出す
	クロージング	コラボレーション
	標準化	個別カスタマイズ
サービス	リモート活用による効率化	接触頻度を高めて関係深化
	オンライントレーニング	オンサイト個別トレーニング
	コミュニティなど無料リソースの提供	プレミアサポート
人材	規律・オペレーション（左脳型）	独創性・コンサルテーション（右脳型）

SMB市場とエンタープライズ市場の違い

まう。エンタープライズ市場で実績を残せば、SMB市場からは「あれは大企業向けだから自分たちでは使えない」と思われるし、SMB市場に特化すると、大企業からは「あれは中小企業向けで自分たちの企業規模では使えない」と思われてしまう。そして、社内でも同じようなことが起こり得る。最初にエンタープライズ市場で実績を残すと、その市場を担当しているチームが中心となり、後からSMB市場を担当する人たちは亜流の扱いになりやすい。結果的に社内で軋轢を生んだり、採用も困難になったりする。

エンタープライズ市場とSMB市場では、オペレーションから人材のスキルに至るまで大きく異なる。採用や組織づくり、企業のブランドなど数年先を見据えて、どのような道筋を通るかを描いておくことで成長スピードが格段に変わるはずだ。

「弱者の戦略」――ダビデとゴリアテ

スポーツなどの競技と違って、ビジネスの世界では直接競合他社と戦うわけではない。常に顧客を第一に考えるのは言うまでもないが、市場で勝ち抜いていくためには競合に対してどのような手を打つかもやはり重要である。

経営者には「孫子の兵法」や「ランチェスター戦略」などに惹かれ、経営に活かそうとする人が多い。私自身もこれらに関する書籍を読んで、ビジネスに活かせるヒントを探してきた。自分のキャリアがERP、CRM、クラウド、MAとそれぞれの時代でまだ一般に広まっていないサービスを手掛けてきたことも大きいと思う。自社サービスの啓蒙ステージから関わり、常に旧勢力が巨大な存在であったため、自然と**「小が大を倒す」**ための戦略に興味を持つようになった。

たとえば孫子は次のように述べている。

そこで、勝利を知るためには五つのことがある。

〔第一には〕戦ってよいときと戦ってはいけないときとをわきまえていれば勝つ。

〔第二には〕大軍と小勢《こぜい》とのそれぞれの用い方を知っておれば勝つ。

〔第三には〕上下の人々が心を合わせていれば勝つ。

〔第四には〕よく準備を整えて油断している敵に当たれば勝つ。

〔第五には〕将軍が有能で主君がそれに干渉しなければ勝つ。

これら五つのことが勝利を知るための方法である。だから、「敵情を知って身方の事情も知っておれば、百たび戦っても危険がなく、敵情を知らないで身方の事情を知っていれば、勝ったり負けたりし、敵情を知らず身方の事情も知らないのでは、戦うたびにきまって危険だ。」といわれるのである。


（『新訂 孫子』より、改行は筆者）

また「ランチェスター戦略」も同じ観点で、弱者の場合、強者の場合、それぞれの戦い方を解説している。大手企業で成功した人がスタートアップなど小さい企業に転職した時に失敗することが多いのは、強者から弱者へ立場が変わったことを忘れて、強者の戦略を弱者でやろうとしてしまうからだ。100人の組織と1万人の組織が同じ市場にまともに参入したら1万人の組織が物量で勝つに決まっている。

逆に成長した弱者が強者として頭角を現した時、さらに成長を加速するためには強者の戦略に切り替えなければならない。孫子も言っている通り、「大軍と小勢とのそれぞれの用い方を知っておれば勝つ」のであって、それができる会社は強い。

一方で、歴史は必ずしも物量で勝るほうが勝つわけではないことを証明している。IT業界は新陳代謝の激しい業界の1つだが、巨大なプレーヤーがニッチプレーヤーに一点突破で穴をあけられて、市場シェアを失っていくことが繰り返されている。

小が大を倒すためには、限られたリソースを集中させる必要がある。マルケトでは大手とSMBの両方の市場に注力するという戦略を採用したが、SMBは広大な市場で、カバーできるリソースがそもそも不足している。そのため、マーケティングオートメーションのニーズが高い成長企業、一般に広まる前に活用してみようというアーリーアダプターが多く存在するであろう国内のITスタートアップ企業をリストアップし、その市場の獲得に集中した。その結果、フォーブス誌が選定し、2017年に発表された日本の「スタートアップ・オブ・ザ・イヤー」の10社のうち7社がマルケトを採用し、「成長企業ならマルケト」というブランドを確立することができた。

オセロに学ぶ市場戦略「天王山を獲る」

普通の人はオセロをやると勝ったり負けたりを繰り返すが、何度やっても圧倒的な強さで勝つ人がいる。これは**その場の思いつきで手を考えているか、勝つためのセオリーを知っているかの差である。**

普通の人は盤の隅を取れば勝てると考えている。実際は、隅を取れれば有利なことは間違いないが、必ず勝てるとは限らない。また序盤から自分の石の数を多くしたくなるものだが、強い人は序盤の石の数より、打てる選択肢を増やすことを意識する。序盤に石を取りすぎると、石を置ける場所が減ってしまうので不利な展開になるからだ。

またオセロでよく知られる必勝法に「天王山を獲《と》る」というものがある。天王山とはお互いにとって、好手となるマスのことで、先に獲得すると相対的に二手分得することになり、大きく戦況が変わることを言う。

私はこれを自分流に解釈して、市場獲得戦略にも当てはめている。

・ビジネススクールなどで教えられている経営理論を軽視せずに勉強する。理論だけで成功するわけではないが、セオリーを知っていて経営判断をする人と、知らないで経営判断をする人では成功の確率がまるで違う

・スタートの勢いは大事だが、中長期的に勝負を考える。大企業は過去のしがらみなどによって打てる選択肢がどんどん絞られていくのに対して、小さい者の強みは打てる選択肢が多いことにある

・自社にとって天王山となる市場や顧客を見逃さず、勝負所であらゆるリソースを投入して獲得する

マルケトを例にすると、先ほど触れた国内ITスタートアップ企業群がこの天王山に当たる。マーケティングオートメーション市場の競合他社でSMB市場を得意としている企業は複数存在するが、先にこの企業群を顧客獲得できれば、「成長企業が使っているというブランド」に加えて、大手企業だけでなくSMBでも利用できるという「対象市場の広

さの認知」、「早期の売上」の3つを得ることができる。

この天王山を落とすと、SMB市場の中でも、導入に時間のかかるITリテラシーの低い企業が採用するようになるタイミングを数年かけて待つか、大手企業だけをターゲットにして勝負するというリスクを負ってしまうことになっていただろう。

第12章 リソースマネジメント

トップラインをどう作るか

経営は「意思決定の連続」と言われる。では「意思決定」とは何かを考えると、それは「人、モノ、金」のリソースをどう配分するかに尽きる。大きな方向性を市場戦略として設定したら、次は具体的な道筋を決めるためにリソース投資を考える。私が成長計画を立てる時には次の順番で考えることにしている。

企業経営において利益やキャッシュフローは大切だが、**トップライン、つまり受注や売上が増えない限り、利益もキャッシュも産まれない**。売上−費用＝利益であり、利益＋費用＝売上とはならないのだ。では、どのようにしてトップラインを作るのか。まずは事業

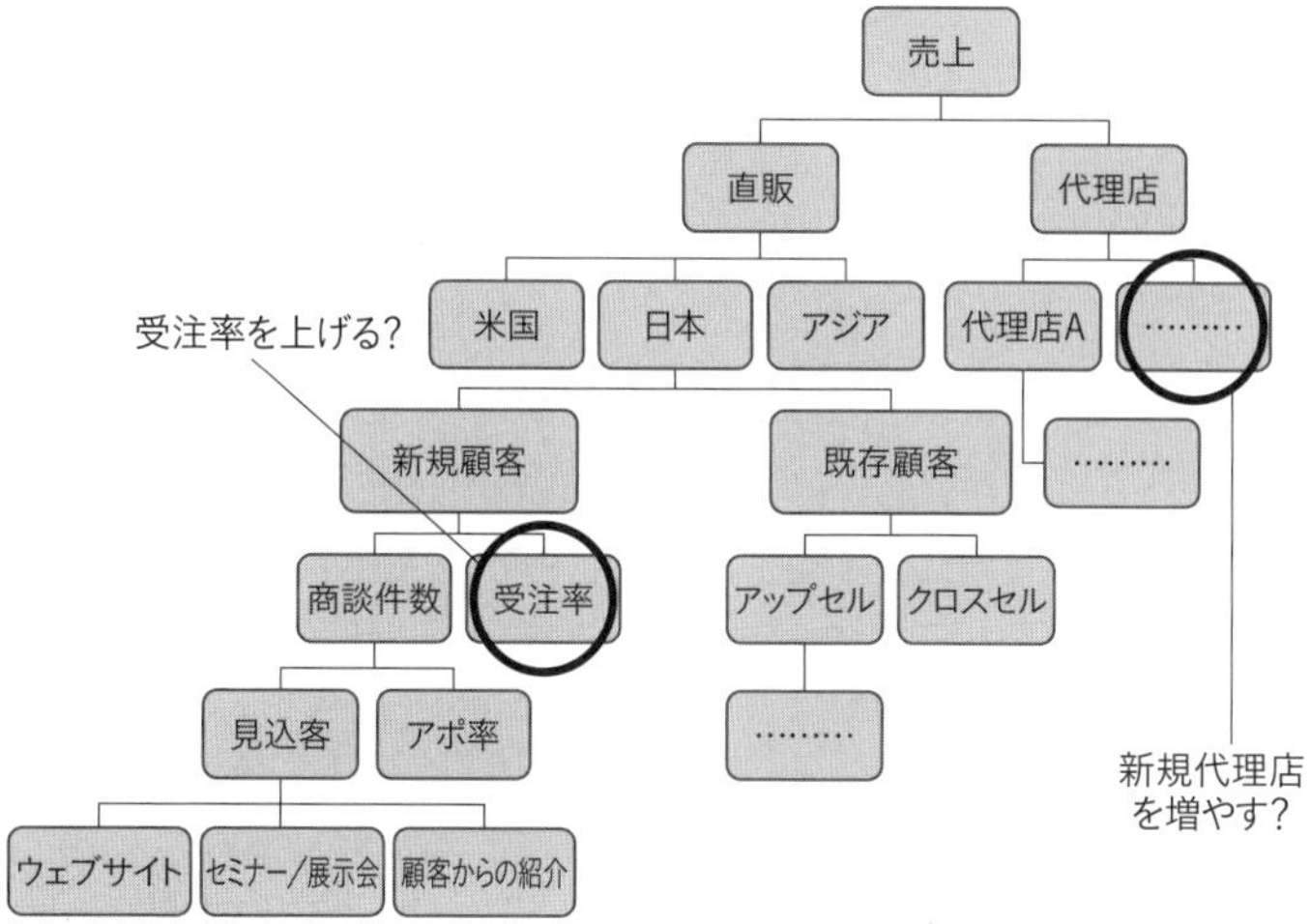

事業を因数分解する

を因数分解するところから始めよう。

たとえば最初に「直販」と「代理店」に分ける。直販は「米国」「日本」「アジア」などの拠点別に数字を分けることができるし、代理店は個々の代理店単位で見ていくこともできる。また、それぞれの売上は「新規顧客」と「既存顧客」に、その売上は商談件数×受注率に、さらに商談件数は見込客×アポ率などに分解されていく。そして、「見込客」はウェブ、セミナー、顧客からの紹介などのリードソースに分解される。

分け方は何通りもあるが、このように分解していくことにより、どこに注力するべきか、そのために指標として何をチェックすべきかが明確になる。

セールスキャパシティを計算する

売上目標の未達の大きな原因の1つにキャパシティ不足がある。営業1人当たり年間1億円の販売が見込める商材であったとしても、営業が10人しかいないのに20億円の売上目標を立てるのは無謀で非現実的だ。だからといって、単価アップなどの生産性の向上ばかり考えても成長できない。競合他社が物量作戦で来たら太刀打ちできないからだ。

製品やサービスがECサイト経由で売れていくのでない限り、**販売量はセールスキャパシティと連動する。**B2Bの直販であれば営業の数。代理店経由であれば代理店の営業の人数。消費財なら店舗数といったものがセールスキャパシティに該当する。増やせば比例して売上が上がるわけではないが、売上目標に対してそもそも現実的なセールスキャパシティを持っているのかを考慮しなければならない。

多くの場合、まずは営業の人員計画からスタートすることになるが、意外と考慮されていないと思うのは**ランプタイム（Ramp Time）や目標達成率の設定だ。**たとえば営業1人当たりの売上目標が月額１０００万円（年間1億２０００万円）とする。営業が５人いる場合、全体で年間６億円の売上に相当するキャパシティを持っていることになる。しかし、実際には全員が売上目標を達成することは稀だ。目標を達成できれば一見良いことに思えるが、全員が目標を楽に達成できるということは、組織全体で見るとパフォーマンスを最大化するストレッチの目標になっていないとも言える。

私のこれまでの経験則になるが、**組織全体の達成率が平均80％くらいの水準**であれば、営業が無謀な目標と思わず、達成させようという意欲を持てる範囲ではないかと思う。言い換えると、**会社が目標とする売上の１２０％のキャパシティを確保すればよい。**このケースでは６億円のキャパシティを持つとすれば、売上目標は5億円弱だとちょうどいいということになる。

では、翌年に倍増の10億円が年間売上目標として与えられたとしよう。営業人員も倍増でいいと考えるのは危険だ。この会社に営業として入社した後の教育期間などを加味すると、新入社員が一人前のパフォーマンスを出すのに半年かかるとする。最初の2か月はゼロ、3か月目で25％、4か月目50％、5か月目75％、6か月目に１００％と計算する。

ランプタイムの「Ramp」は「傾斜」という意味で、ここでは新しく入った営業が最終

6月	7月	8月	9月	10月	11月	12月	年間合計
10,000,000	10,000,000	10,000,000	10,000,000	10,000,000	10,000,000	10,000,000	
10,000,000	10,000,000	10,000,000	10,000,000	10,000,000	10,000,000	10,000,000	
10,000,000	10,000,000	10,000,000	10,000,000	10,000,000	10,000,000	10,000,000	
10,000,000	10,000,000	10,000,000	10,000,000	10,000,000	10,000,000	10,000,000	
10,000,000	10,000,000	10,000,000	10,000,000	10,000,000	10,000,000	10,000,000	
10,000,000	10,000,000	10,000,000	10,000,000	10,000,000	10,000,000	10,000,000	
5,000,000	7,500,000	10,000,000	10,000,000	10,000,000	10,000,000	10,000,000	
5,000,000	7,500,000	10,000,000	10,000,000	10,000,000	10,000,000	10,000,000	
-	2,500,000	5,000,000	7,500,000	10,000,000	10,000,000	10,000,000	
-	-	-	2,500,000	5,000,000	7,500,000	10,000,000	
-	-	-	-	-	2,500,000	5,000,000	
-	-	-	-	-	-	-	
-10,000,000	-10,000,000	-10,000,000	-10,000,000	-10,000,000	-10,000,000	-10,000,000	
-10,000,000	-10,000,000	-10,000,000	-10,000,000	-10,000,000	-10,000,000	-10,000,000	
50,000,000	57,500,000	65,000,000	70,000,000	75,000,000	80,000,000	85,000,000	732,500,000

平均達成率	80%

期待売上	586,000,000

的に100%のパフォーマンスを発揮できるようになるまでの期間を指す。

実際の例を使って説明しよう。まず前年度は営業5人。個人目標は年間1億2000万で合計6億円。部門平均の達成率が80%で約5億円の売上だったとする。今年度は追加で7人新規採用と大幅増を予定している。採用予定月は年間を通して隔月のペースで予算に組み込んでいる。これまでの傾向から最低1人は退職リスクも見ておく必要があり、仮に6月で試算しておく。また1名、4月の新年度からマネージャーへの昇進を予定している。このため、最終的な営業の人数は年末には倍増の10名となる。

しかし、ランプタイム、退職、昇進を考

営業人員	年間目標金額(¥)	採用予定月	1月	2月	3月	4月	5月
営業1	120,000,000	既存社員	10,000,000	10,000,000	10,000,000	10,000,000	10,000,000
営業2	120,000,000	既存社員	10,000,000	10,000,000	10,000,000	10,000,000	10,000,000
営業3	120,000,000	既存社員	10,000,000	10,000,000	10,000,000	10,000,000	10,000,000
営業4	120,000,000	既存社員	10,000,000	10,000,000	10,000,000	10,000,000	10,000,000
営業5	120,000,000	既存社員	10,000,000	10,000,000	10,000,000	10,000,000	10,000,000
営業6	120,000,000	1月	-	-	2,500,000	5,000,000	7,500,000
営業7	120,000,000	3月	-	-	-	-	2,500,000
営業8	120,000,000	3月	-	-	-	-	2,500,000
営業9	120,000,000	5月	-	-	-	-	-
営業10	120,000,000	7月	-	-	-	-	-
営業11	120,000,000	9月	-	-	-	-	-
営業12	120,000,000	11月	-	-	-	-	-
退職リスク	120,000,000	6月	-	-	-	-	-
部門異動	120,000,000	4月	-	-	-	-10,000,000	-10,000,000
トータルキャパシティ			50,000,000	50,000,000	52,500,000	45,000,000	52,500,000

セールスキャパシティの計算表

慮してキャパシティを計算すると、合計のキャパシティ(個人目標を合計したもの)は7億3250万円。これに組織全体の平均達成率の80%をかけると、期待できる売上は5億8600万円となり、**前年度から人員は倍増しているのに売上は20%程度の伸びにとどまってしまうことになる。**このギャップを解消するために、営業人員、採用時期の前倒し、ランプタイムの短縮、部門平均達成率、社員のリテンションなど様々なレバーを動かすことを検討する。

営業のパフォーマンスもコモディティ型の商材であれば、トップパフォーマーとローパフォーマーの差は大きく開かないが、ソリューション型の商材の場合は平均3倍くらいの差が出ることが多い。言い方を変えれば、優秀な人を1人採用できれば、そこそこの人を3人採用するのと同じということである。

実際には、優秀な人材は良いパフォーマンスを残して長期間活躍する可能性が高いし、結果が出ない人は退職リスクも高くなる。社員が退職して、またイチから採用となるとランプタイムはゼロからカウントし直しである。そのように考えれば、**採用が上手な会社とそうでない会社に圧倒的な差がつくことがよくわかるだろう。**退職者が多い会社は、辞める人数を上回る採用をしていたとしても、組織としての実際のキャパシティは実質下がっていることもあり得る。

最近、注目を浴びている**「セールスイネイブルメント（Sales Enablement）」**は、ここに着目した役割で、ランプタイムが長い営業組織でニーズが高い。1人当たりのランプタイムを短くできれば、劇的に組織全体のパフォーマンス向上ができるからだ。

先日ある人と会話をしていたら、「セールスイネイブルメントに関するセミナーに出て大きな気づきがありました。営業のパフォーマンスの平均を上げるのではなく、中央値を上げることが大事なのですよね」と質問を受けた。この理解は間違っていないが、100点ではない。

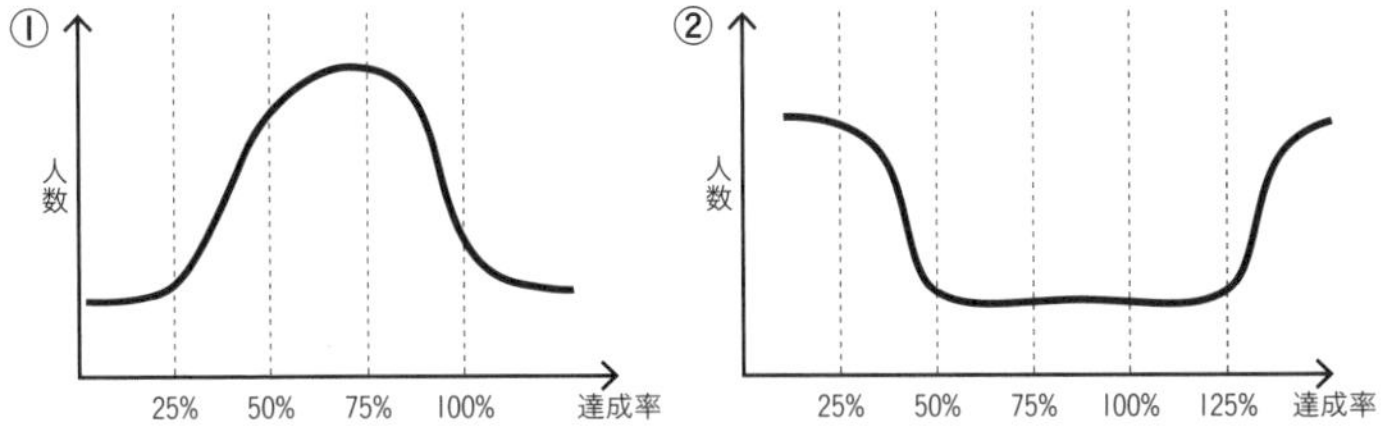

営業の達成率分布のパターン

もし営業の人数と達成率がグラフ①のような形の組織であれば、そもそも平均でも中央値でも大差はない。セールスイネイブルメントが存在する目的は、グラフ②のような分布になる営業部門を、①の形に変化させることだ。そしてグラフ②の企業は、次のような特徴を持っている。

・入社後の立ち上がりに時間がかかる
・商材はソリューション型でコモディティ商材ではない
・ゆえにトップパフォーマーとローパフォーマーの差が出やすい
・営業マネージャーが営業一人ひとりの教育に使える時間が十分でない
・一部のトップパフォーマーが会社のほとんどの業績を支えているので、継続的な成長にリスクがある逆に、コモディティ型の商材を扱っている営業組織ではセールスイネイブルメントはそれほどニーズはないだろう。そのような組織では、注文書の作成などの間接業務を補佐してくれる人を増やしたほうがはるかに効率が良い。

カスタマーサクセスやインサイドセールスも同様だが、世の中で流行っているからというだけで導入する企業もある。その前に、本当にその役割が必要なのか考えてほしい。ベストプラクティスが共有されやすくなってきたからこそ、形から入るのではなく、なぜ必要なのかをしっかりと考えることが求められる時代だと思う。

生産性のレバーを探す

セールスキャパシティは、営業の人数だけでは測れないと説明してきたが、これは裏を返すと「小が大を倒す」ためのポイントでもある。単純な物量作戦での勝負にならないために、**生産性を最大化するためのレバー**を探そう。

その時に有効なのが、プロセスを因数分解することだ。生産性は、図のような式で表す

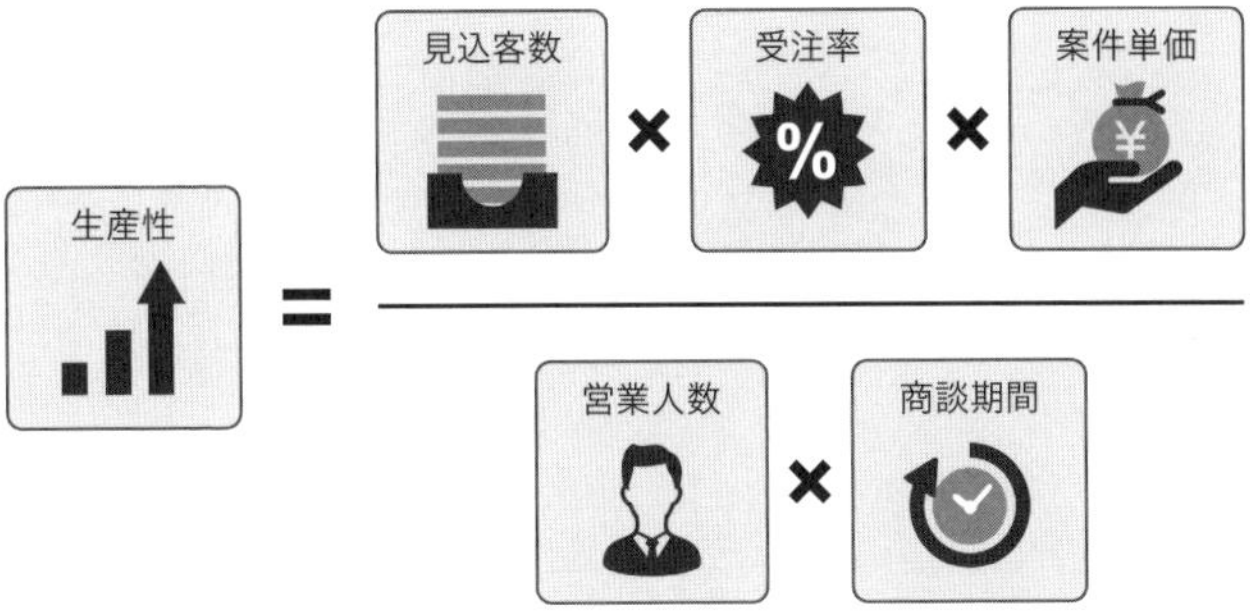

生産性のレバーを探す

ことができる。分母は投入するリソースとして「営業人数×商談期間」が入る。分子は売上を因数分解した「見込客数×受注率×案件単価」となる。ここまでマーケティング、インサイドセールス、営業、カスタマーサクセスを中心に、主に分子を最大化するための説明をしてきたが、続いては分母について検討したい。

マルケトを例にとると、売上先行で考えれば営業のキャパシティを早期に増やすほうが手っ取り早い。しかし営業活動だけ熱心に行っても、製品を導入した企業がうまくいかなければ元も子もない。また導入が成功することはもちろん、理想的な使い方をして、ブランドを体現してくれるような顧客に育てていくためには、優秀な社員が契約後も一丸となって支援しなければならない。

そのため、マルケト日本法人は初期段階では営業を少数精鋭とし、コンサルタントやカスタマーサポート、プロダクトマネージャーなどの人材を採用した。顧客数をかなり拡大した段階でも、当時は1桁の営業しかいなかったので、社外の人からは「もっといると思ってました。そんなに少ないんですね」とよく驚かれたものだ。

先ほど触れたセールスイネイブルメントは、営業の数が10人しかいない時に先行して採用した。米国本社からは「まだ必要のない規模ではないか」と言われたが、ちょうど営業人員を拡大するタイミングだったので、私はランプタイムの短縮が翌年の成長の鍵になると考えていた。ランプタイムをわずかでも短縮できれば、営業1人分のヘッドカウントをセールスイネイブルメントに割り当てても十分お釣りがくる。

また、顧客の成功を実現するためにポストセールスの強化は大切だが、レバーとして効果的だったのは、実はプロダクトマネージャーである。自分が社長に就任した直後はこの採用は頭になく、採用計画に入れていなかったが、マルケトの創業者で当時CEOだったフィル・フェルナンデスが「プロダクトマネージャーは最初から採用したほうがいい」と強く推薦してくれた。彼がマルケトの前に勤務していた会社が日本に進出した時、顧客の声を聞き、製品に反映させることの重要性を痛感したからのようだった。このアドバイスは今振り返っても本当に役に立った。組織を語る時、よく「プロフィットセンター」と

「コストセンター」という分け方をされることが多いが、私はこのような分け方は好きではない。**採用する役割については、常に「キャパシティ」と「レバー」という分け方をしている。**

業務量や顧客カバレッジなどに応じて増やさなければならない営業やコンサルタントなどの役割はキャパシティ。そして、キャパシティの生産性を最大限に向上させるレバーとなる役割という考え方だ。この2つにバランス良く配分できているかは、投資計画において重要な指標となる。

これらは、**企業が成長する時間軸とも関連してくる。**営業とエンジニアの比率。顧客数の伸びとカスタマーサポート人員の比率。営業とマネージャーの比率など、役割ごとに何人アサインして、毎年どのような比率で増やしていくかを一覧表にしておくと人員計画が立てやすい。

目標設定とコンペンセーション

売上目標を決め、それに沿ったキャパシティの人員計画をした後に、利益目標から逆算して使えるコストをはじき出し、人件費、マーケティング費用、外注費などに割り振って予算を確定させる。

この段階で考慮しておきたいのが、**社員の報酬の仕組み「コンペンセーション（compensation）」**だ。営業だけでなく、あらゆる社員の個人目標設定は組織全体のパフォーマンスに大きな影響を与える。外資系企業では個人目標を持つことが当たり前になっているが、日本企業ではまだ個人目標を持たず、チーム全体の数字を共有することが多いようだ。ベンチャー経営者の集まりでこの件について会話した時も「日本の文化はチーム目標。個人目標はカルチャーに合わない」と言われたことがある。

どちらにも良い面と悪い面がある。マルケトでも最初の1年半は個人目標を持たず、チーム全体の目標にしていた。営業の人数が1桁しかいない状況では、営業活動以外の仕事もみんなで分担しなければならないし、明確なテリトリーが与えられるわけでもないからだ。しかし、**長い目で見て組織をストレッチさせようと思えば、個人目標を設定したほうが良いと思う。**

第一に、人数が増えてくればどうしても営業力にばらつきが出て、売れる人とそうでない人が出てくる。この時に個人目標を設定していないと、結果を出している人がそうでない人を養う関係になり、やる気を削ぐことになってしまう。会社としてどちらを大切にするかという考え方を明確にしなければならない。

第二に、人は本能的に、目標が与えられるとそれを達成しようとする。目標と現実のギャップを埋めようとする意識が、もう少しがんばろうというやる気を駆り立てる。

とはいえ、目標が高ければ高いほど良いというものではない。私自身、過去にグローバルの他地域と同じ個人目標を自分のチームメンバーに課したことがあるが、市場環境や顧客の認知度が異なるため、個人の達成率でみると米国とは大きな開きが出てしまった。そこで、翌年は思い切って個人目標を適正と思える水準に下げる決断をした。会社全体としてのバッファは少なくなり、リスクも大きくなるが、翌年は劇的に個人目標達成者の数が増え、組織全体としてのパフォーマンスも向上した。

メンバーの構成は大きく変わっていないし、営業のスキルは確かに向上したがそれだけが要因というわけでもない。高すぎる目標だと上半期を終えた時点で、「もう今から頑張っても年間目標の達成は無理だ」と諦める人が出たり、「周りも達成してないからできなくて当たり前」という空気ができてしまう。理想的な目標は「Challenging but achievable（チャレンジだが、達成不可能ではない）」と表現されるが、絶妙のストレッチゴールを設定すると組織全体のパフォーマンスに大きなインパクトを与える好例だと思う。**マネジメントは目標から逆算することも大事だが、目標を設定する力のほうがはるかに大事だと思う。**

目標設定とコンペンセーションは、売上をストレッチさせるだけでなく、社員に取ってほしい行動を促す効果もある。ＳａａＳのビジネスでは、営業の実績はＡＣＶ（Annual Contract Value）、つまり「年間契約金額」で評価されることが多い。1年契約からスタートできるサービスが多いけれど、短期で解約されては投資のリターンが回収できないため、会社としては複数年契約が望ましい。そのため、複数年契約を締結した営業には同じＡＣＶでも、より多くのコミッションを支払う。また支払条件においても、月払いや四半期払いの契約よりも年間前払いのほうがキャッシュフローの観点からプラスなので、同じACVでも年間前払いに対してはより多くのコミッションを支払うなどの工夫をしている。

必ずしも、ここで説明したやり方が正しいと言うつもりはない。会社の文化や社員が大事にしていることが何かによって状況は変わるからだ。ただ、どのような目標設定やコンペンセーションの仕組みにするにしろ、**適当に決めることだけはしてはいけない**。仕組み1つで社員のパフォーマンスはガラッと変わる。これだけは間違いない。

テリトリーマネジメント

セールスキャパシティを最大限活用するために必要なのが、**テリトリーマネジメント**だ。テリトリーとは業種や企業規模、地域などの条件をもとに決定する営業の担当範囲のことで、ターゲット市場に対して、どのように人員をアサインしていくかを様々な条件から決定していくことになる。

規模が大きな営業組織であれば、すでにあるテリトリーをメンテナンスすればよいが、新たにビジネスを立ち上げた当初は、どのようにテリトリーを設定するのがよいかわからない人も多いのではないだろうか。私も営業マネジメントになりたての頃は、テリトリーを厳密に決めるより、その時々で営業の稼働状況やパフォーマンスを見ながら、裁量で商談や担当アカウントを割り当てるほうが効率的だと考えていた。

実際に「営業には明確にテリトリーを決めず、自分で発掘してきた商談をその人に担当させている」という話を聞くことが多い。このやり方は一見効率良く見えるが、中長期の視点で考えると成長を阻んでしまうことが多い。

インバウンドで入ってくる商談を均等に割り当てていると、営業は受け身になって自ら発掘するというアクションを取らなくなり、会社全体としてインバウンドの成長ペースで頭打ちになってしまう。しかし、自由に発掘したもの勝ちというやり方では、誰もが同じようなセグメントにアプローチしてしまい、会社としてみるとリソースが最適化されているとは言えない状態になる。テリトリーを決めて「この範囲はあなたの責任だ」と明確に示し、担当者がそこに全精力を傾けるような環境を作ることで、会社全体として成長することができる。

テリトリーマネジメントでは「FAIRNESS」（公平性）を重視

ただし、一人ひとりのテリトリーを公平に分配するだけではダメだ。テリトリーを公平に分配するやり方、つまり「商談機会を均等にすること」は、上の図の「SAMENESS（同一性）」に当たる。しかし、**全体のパフォーマンスを最大化するためには「FAIRNESS（公正さ）」のほうが大事だ。**

数多くの経験を積ませたい営業には広いテリトリーをアサインし、経験やスキルによっては数社だけを担当させるなど、テリトリー、売上目標の設定、コンペンセーションを総合的に判断する。同じスキルの営業でも、テリトリーの設定次第で全体のパフォーマンスが大きく変わる。まさにマネジメントの腕の見せ所だ。

テリトリーに関しては、もう1つ重要なことがある。それは社内の公平性を保つことが優先になって、顧客不在になってはいけないということだ。営業人員がどんどん増える会社は、新しい営業にも均等に顧客を割り振ろうと考えて、毎年のようにテリトリーを変更して、担当変更が発生してしまう。ある程度変更が発生するのは仕方ないが、顧客にとってみれば毎年のように営業が変わるのは不安でしかないだろうし、なおざりにされていると感じてしまうだろう。営業以外に顧客が気軽に話ができる窓口を用意するなど、会社対会社の関係がスムーズに維持できるような心遣いが顧客との長期的な関係を作る。

戦略的な投資とトレードオフ

トップラインの数字を決めて、必要なセールスキャパシティを作り、人員計画を割り当てたら、後は成長を加速する戦略的な投資についてリストアップする。たとえば次のような項目だ。一定以上の予算や人員がかかるものに関して、必要なヘッドカウントやコスト、期待できるリターンをまとめておこう。

・海外拠点の立ち上げ

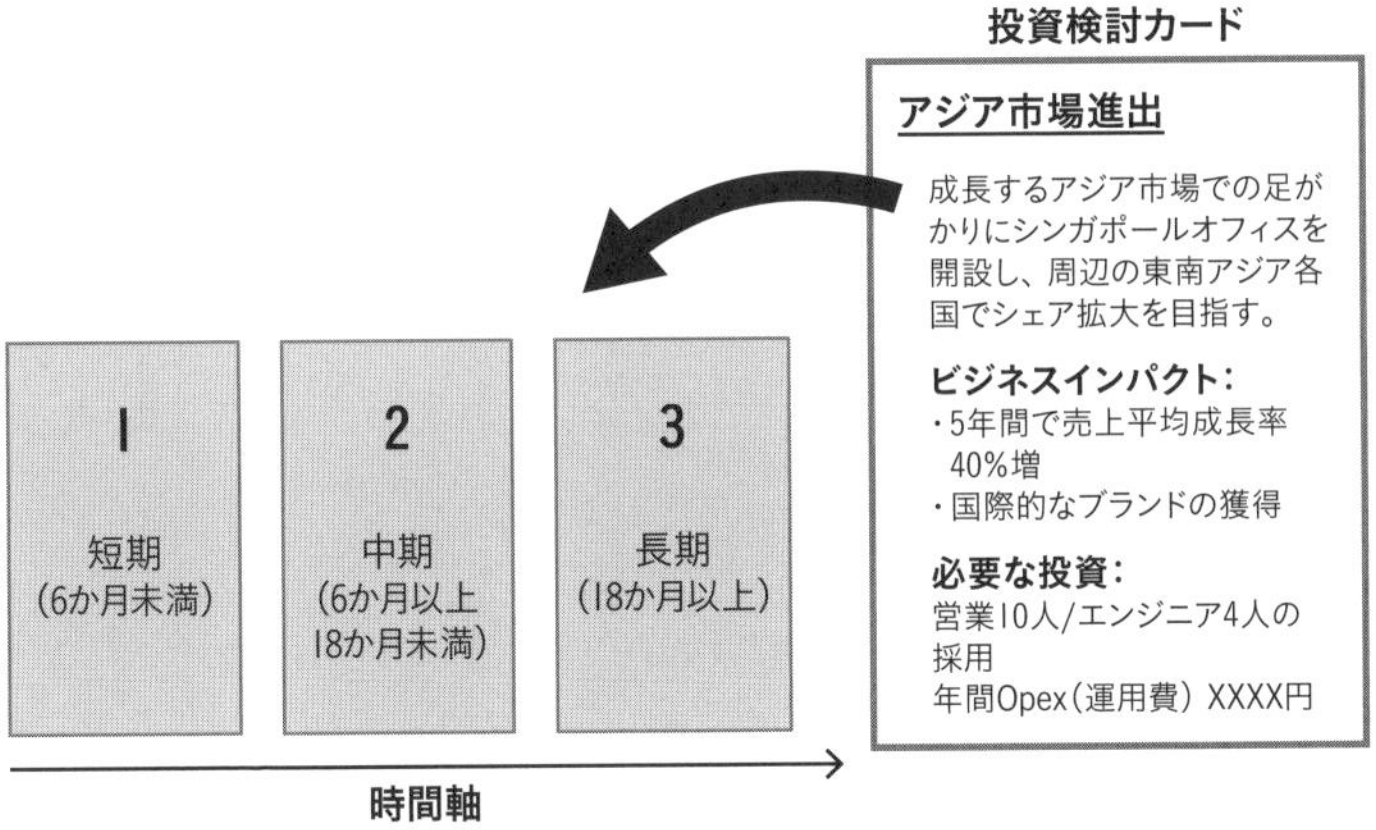
投資検討カード
アジア市場進出
成長するアジア市場での足がかりにシンガポールオフィスを開設し、周辺の東南アジア各国でシェア拡大を目指す。
ビジネスインパクト：
・5年間で売上平均成長率40％増
・国際的なブランドの獲得
必要な投資：
営業10人/エンジニア4人の採用
年間Opex（運用費）XXXX円
1
短期
（6か月未満）
2
中期
（6か月以上18か月未満）
3
長期
（18か月以上）
時間軸

投資計画を入れる3つの箱

・新製品開発
・データセンターの新設
・他社との提携
・大規模イベントの開催

もちろん、すべてに投資するわけにはいかないので、何を選んで何を捨てるか、トレードオフを考えて優先順位をつけることになる。優先順位は、必ずしも実行する順番とは一致しない。リターンが出るタイミングに時間差があるからだ。そこで、短期（6か月未満）、中期（6か月以上18か月未満）、長期（18か月以上）など、3つの箱を用意しておき、選んだ投資案件を割り振ってみる。短期に偏りすぎてはいないか。あるいはその逆になっていないか。継続的な成長のために、バランスの良い投資になっていることを確認しよう。

第13章 パフォーマンスマネジメント

優れたマネジメントは数字をどのように見ているか

市場戦略を策定して、どこに投資するかを決めたら、それが正しい方向に向かっているかを常に計測していく。「経営者は数字に強くなければならない」とよく言われるが、数字に強いとは、指標の意味がわかるということではない。**大切なのはデータを鵜呑みにせず、数字から今何が起きているかを想像する力だ。**この章では、どのようなKPIを見るかではなく、どのような点に注意してKPIを見るかに重きを置いて紹介したい。

以前、ある会社の社長と話した時に、「優秀な経営者は、皆驚くほど数字の詳細を把握している」という話題で盛り上がった。その方は盛和塾出身だったが、かの稲盛和夫氏は膨大なページ数の経営資料をぱらぱらとめくりながら、瞬間的に矛盾や気になる点を見つけ出すそうだ。これを「数字が泣いている」と表現し、自分で探すのではなく、数字のほうが自分に呼びかけてくるのだと表現している。

私自身の経験でも、米国本社の上司とビジネスレビューをしている際に、数週間前に話した説明との矛盾をものすごく細かい数字レベルで指摘されて「そんな細かいことまでおぼえているのか」と驚いたことがある。また、自分が参加したグローバルのマネジメント会議では、何十枚というスライドの途中で突然説明を止めさせて、5ページ前にスライドを戻させ、数字のつじつまが合わないと指摘をするマネジメントがいた。最初は「この人たちは超人的な能力を持っている特別な存在だ」と思っていたが、後に「決して特別な記憶力を持っているわけではなく、どこに意識を向けているかの違いだ」と気づいた。優秀なマネジメントは例外なく、ただ漫然と数字を見るのではなく、「何を見るか」を強く意識している。そうすればデータを見た瞬間、異常値がパッと浮かび上がって見えるのだ。

自身の例を挙げると、マネジメントになりたての頃は、進行中の商談に関してはどの商談に変化があったかをすぐに把握できた。商談のフェーズに注目しながら、毎日毎日、常に商談のリストを眺めていたからだ。変化が起きた時にすぐに営業に質問をすると、「何百件も商談があるのに、なぜすぐにわかったのだろう」とよく驚かれた。特別なことは何もやっておらず、単に商談のフェーズに意識を置き、毎日見続けていただけだ。

ところがパイプラインに関しては、先週までいくつ作成していて、今週いくらまで積み上がったということを当月翌月までは把握していても、3か月6か月先のパイプラインが先週いくらだったかなどはまったく記憶になかった。先を見越してパイプラインを作らなければと営業に言いながら、目先の商談ばかりに意識が行っていたのだ。

絶対値ではなくトレンドを重視

第1営業部は受注率30%、第2営業部は受注率20%という数字を見て、第2営業部のほうに問題があると考えてしまう人がいる。しかし、担当するテリトリーが違えば、市場の成熟度、顧客、競合などの環境が変わる。また外部要因だけではなく、内部要因もある。第1営業部の営業はコンサバで、確度が上がるまで商談を作成しない傾向にあり、第2営業部の営業は少しでも可能性を感じると、どんどん商談を作成していたとすれば、単に分母の基準が違うだけなのかもしれない。

英語で「apple-to-apple」という言葉で表現されるが、同じ条件で比較しなければ意味がない。**指標を見る時は、瞬間を切り取ったスナップショットではなく、トレンドを見ることを意識したほうがよい。**当たり前のようだが、これができていない企業は多い。

たとえば、第2営業部の受注率が昨年まではコンスタントに30％だったのが、今年20％に落ちたとしたら何か新たな課題が発生した可能性が高い。逆に昨年からずっと20％前後であれば、新たな課題というより構造的な問題があるのか、もしくは、そもそも第1営業部と比べて基準自体に違いがあるのかといった観点から分析していくことになる。

単一ではなく複数の指標を見る

あらゆる指標は、「件数」と「金額」を2つ並べて分析したほうがよい。「受注率」がそのわかりやすい例だが、件数ベースでの受注率が30％の営業が2人、20％の営業が1人い

	受注率(件数)	受注率(金額)
営業 A	30%	18%
営業 B	30%	35%
営業 C	20%	40%

件数ベースと金額ベースの受注率

たとする。これだけでは誰が優秀か、どんな特徴を持っているかの想像もできない。ここに、金額ベースの受注率も加えてみると大きな差があることがわかるだろう。

上の表を見てほしい。この情報から推察されるのは、営業Aは金額の大きな商談を失注していることになるので、高度な提案力や価値訴求、周りを巻き込む力などに課題があるかもしれない。逆に、営業Cは大きな商談を受注しているが、件数では落としているものが多いので、取れそうな商談に集中するあまり、他をきちんとフォローできていない可能性がある。テリトリーを絞って、大型案件に集中してもらうほうがよいかもしれない。この中で、営業Bは非常にバランスが取れていると考えられる。

もちろんこれは想像であり、理由はまったく違うことも考えられるが、単一指標ではなく複数の指標を組み合わせることで何が起きているか想像しやすくなり、マネジメントとして何に対応するべきかの的が絞りやすくなることは理解してもらえるだろう。

担当営業	昨期売上金額	全商談金額総計	受注率	新規の比率
営業A	¥150,000,000	¥375,000,000	40%	45%
営業B	¥120,000,000	¥400,000,000	30%	65%
営業C	¥100,000,000	¥285,000,000	35%	60%
営業D	¥95,000,000	¥146,000,000	65%	15%
営業E	¥36,000,000	¥72,000,000	50%	80%

どの営業が優秀か？　今期も同じだけ期待ができるか？

別の例を紹介する。上の表を見て皆さんであれば、どの営業が優秀だと考えるだろうか。昨年の売上目標の1億円に達しているのは3名。しかし、受注率だけ見れば、営業Dと営業Eが高いレベルにある。また受注率だけではなく、新規顧客からの契約と既存顧客からの契約の比率に大きな差があることもわかる。ここから以下の点を検討すべきだろう。

- 営業のテリトリーアサインにばらつきが大きいのではないか
- 営業Dは受注率が高いが、ほとんどの売上を既存顧客から上げており、今期も同じ期待をするのは難しいのではないか
- 営業Dの新規に限った受注率は何%なのか。適正レベルにあるか
- 営業Eにより広いテリトリーを与えて商談数を増やすと大きく業績が向上するのではないか。テリトリーに問題がないとすれば、案件発掘のスキルに課題があるのではないか。他の営業と比べて商談作成の基準は同じなのか

数字と主観

よく「見える化」「可視化」という言葉が使われるが、数字を計測することと実態を理解することは、まったく別の次元の話だ。

数字には、「主観が入り得ない数字」と「主観が入る数字」の2種類が存在する。前者は、ウェブサイトのトラフィック、広告に費やしたマーケティング予算、営業の人数、受注件数、売上などが挙げられる。後者に該当するのは、インサイドセールスが営業にパスしたアポイントの数、商談件数、パイプラインの金額などである。

インサイドセールスが営業にパスする内容は、人によってばらつきが出る。BANT条件をすべて確認できているものもあれば、「ヒアリングしたんですが、訪問した時に説明すると言われているのでまずは訪問してください。アポは取れました」というものもある。しかし、いずれも同じ1件としてカウントされる。商談件数も、営業ごとに何をもって商談とみなすかはいくら基準を決めても主観が入ることは避けられない。パイプラインの金額も、受注金額は動かしようがないが、商談進行中はコンサバに見る人もいれば、着地の数字より常に大きめに入力する人もいる。人間が関与する限り、すべてを標準化して同じ基準にすることは不可能である。

部門間の軋轢

主観が入るからこそ、数字から「現場で何が起きているか」を想像する力が求められる。たとえば、営業部門の売上の見込みが厳しくなり、マーケティング部門に「パイプラインが足りない」とプレッシャーをかけた時、どのようなメカニズムが働くだろうか。

マーケティングは、まずリード数を増やそうとする。売上にインパクトを与えるためには、短期的にリードを獲得しなければならないが、簡単なことではない。考えられる施策は、展示会や幅広い層を獲得できる広告やキャンペーンを打つことだ。当然リードの質は下がり、その後にフォローするインサイドセールスからの商談化率も下がる。

しかし、リードが増えているにもかかわらず、パイプラインが足りなければ、プレッシャーの矛先はインサイドセールスに移る。無理にでも営業にパスしようとして、今までよりも営業に渡す基準が下がる。

数字の苦しい営業は、喉から手が出るほど商談が欲しいので、少しでも可能性があれば訪問する。しかし、もともと今までより確度が低いものが多くなっているので、なかなか商談化できないか、商談化したとしても受注率は下がる。提案活動にも集中できない。さらに上司から「マーケティングからのリードをあてにしないで、自分たちで商談を作るのも営業の仕事だ。商談作成の目標を設定して、毎日見込客の発掘をやれ」などと指示されると、さらに泥沼にはまりかねない。困った営業は、受注が追いつかないなら、せめて商談作成だけでも目標を達成しなければと、今までは商談にしていない基準のものまで商談化する。

こういう状態で経営陣から、ＫＰＩを分析してどこが課題なのかを明らかにしろと言われると、マーケティング部門は「営業の受注率が落ちているのは明らかです。これではいくらリードを作成してもダメです」と言い、営業は「質の悪い商談をパスしてくるインサイドセールスのせいで、現場の効率が下がっている。彼らのスキルの問題ではないか」と言いだしかねない。

ボトルネックは1つしかない

この場合に最もやってはいけないことは、部門ごとに「課題を解決せよ」と言うことだ。ここまで説明してきた売上を上げるためのプロセスがループ状にすべてつながっているとすれば、ボトルネックの場所は常に変動したとしても1つしか存在し得ない。工場でボトルネックとなっている生産工程があるのに、その直前の工程を担当するマシンをフル稼働させてしまえば、仕掛品がどんどん積まれていくように、部分最適が全体の生産性を落とすことがある。

受注率の改善のために行うべきは、採用の見直し、営業教育、価格の値引きなのか。あるいは、どの顧客プロファイルが案件に結びつきやすいのか、どこに営業がターゲットして時間を使うべきなのかを深く検討して、マーケティング予算とターゲットを絞り込んだり、インサイドセールスのアウトバウンドリソースを確保することのほうが正解かもしれない。

いずれにしても、**ボトルネックは1つであり、それを見つけ出すためにパフォーマンス指標を管理するのである。**こんな指標を管理していますと山ほどKPIを並べて、きれいなレポートを出すことで満足してはいけない。

SaaS業界の「常識」を疑え

▼表面的な理解の危うさ

私が長年仕事をしてきたB2BのSaaS業界のビジネスモデルについては近年研究が盛んで、書籍やブログ、セミナーなどで情報はあふれている。しかしそれらを見ていると、表面的なことしか理解されていないのではないかと感じることがある。

「SaaSモデルでは利益は出さなくてもトップラインの成長率が大事」

「アメリカではACV(年間契約金額）がいくらだと、このくらいのリテンションレートというベンチマークがありますよね。うちの会社はそれを参考にして同じ数字を目標にしています」

「SaaSのビジネスを立ち上げたので、カスタマーサクセス部門を設立しました」

「これから事業を拡大していくので、インサイドセールスとセールスイネイブルメントの人員を拡大していく予定です」

どれも決して間違っているわけではないが、こうした要素は自社の事業内容によって変わる。「利益よりトップライン（売上高）のほうが大事だ」という考え方ひとつとってもそうだ。利用者が一定期間契約をして料金を支払うサブスクリプションモデルの場合、最低でも1年間、場合によっては複数年の契約を結ぶことも珍しくない。一方、P/Lに売上を計上できるタイミングはサービスの利用月なので、確定しているがP/Lに計上されない売上が存在する。その点ではP/L上の見た目の利益より、はるかに健全な経営と言える。

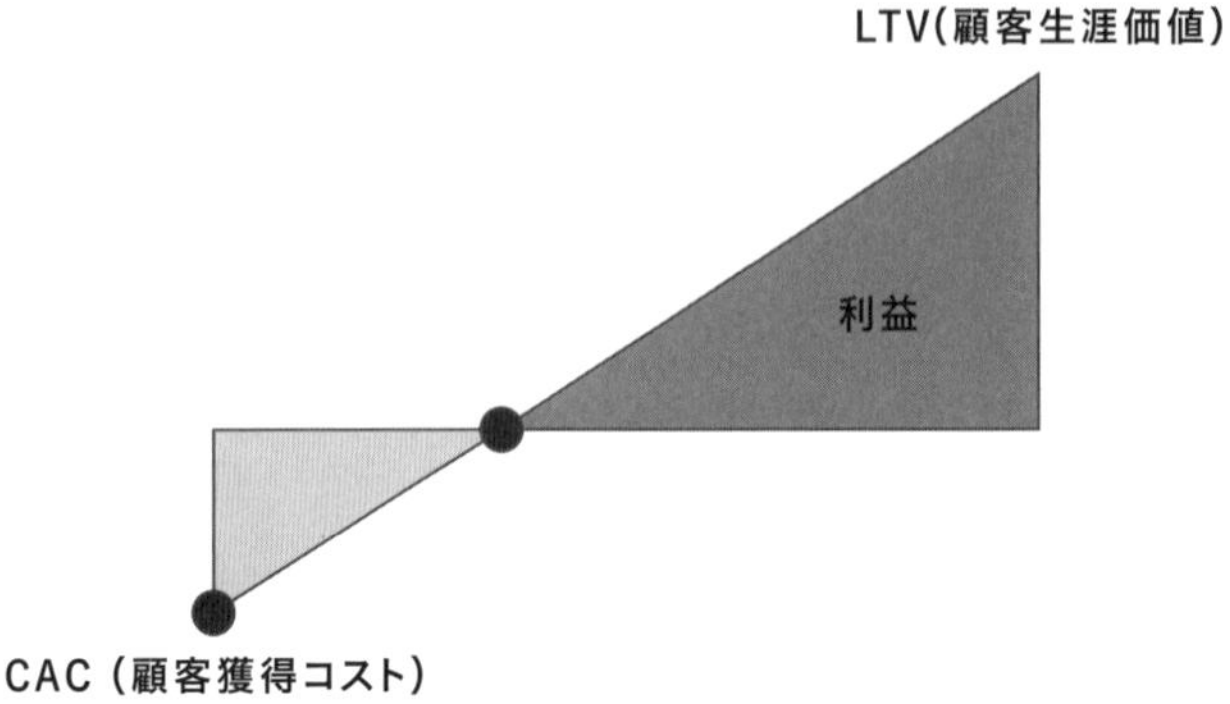

サブスクリプションモデルのコスト回収プロセス。長期の契約維持によってCAC(顧客獲得コスト)とLTV(顧客生涯価値)がイーブンになる

SaaSモデルのメリットとして言われているように、使ってもらえばもらうほどLTV(顧客生涯価値)が高まるのであれば、スケールメリットが働いて利益はどんどん増えるはずだ。実際、サブスクリプションモデルのメリットは、このような図で説明されることが多い。

しかし、主要なSaaSの上場企業の決算を調べてみれば、利益に関してこのような推移を見せる企業はほとんどないことがわかるだろう。トップラインの成長が鈍化してきたら、蛇口を締めるようにコストを抑えればいいという人がいるが、事はそんなに単純ではない。獲得してきた顧客を支えるために採用した社員にかかる人件費やサービス運用のコストは簡単に削れるものではないからだ。

TAM(Total Addressable Market)が大きい場合は、当面の採算を度外視してマーケットシェアの獲得を優先し、競合を排除した後にアップセル／クロスセルで一顧客あたりからの単価を上げていく方法が考えられるが、「SaaSモデルだからトップライン重視でいい」という考え方は危険だ。

▼意味のないKPIの見方

また、従来のPER（株価収益率）やPSR（株価売上高倍率）だけでは評価が難しいSaaS企業の価値を測るベンチマークとして「40％ルール（売上成長率＋利益率が40％以上を目安とする）」が知られているが、そうしたルールと言われるものは、あくまでも「過去の企業を分析するとこんな傾向があります」という目安にすぎない。それを鵜呑みにせず、企業がどの成長ステージにいるのか。ターゲット市場はどこか。競合がひしめいているのか、独占なのか。成長余地はどこにあるかまで分析する必要がある。

ACVとリテンションレートの関係や、ASP（平均商談金額）との相関などの統計を持ち出して適正かどうかを判断しようとする人もいるが、SaaSというカテゴリでまとめてもほとんど意味がない。たとえば、大手企業をターゲットにしているベンダーのASPが1000万の場合と、大手企業も中堅企業もカバーしている企業のASPが1000万の場合では意味が違ってくる。

SFAやMAのように活用するのに一定の労力がかかり、会社によって活用の仕方が大きく変わる場合には「活用ができていない。効果が出ていない」ということが起きやすく、リテンションレートは低くなりやすい。一方、会計や人事、経費精算などの業務用システムの場合、一度導入したらわざわざリプレースしようと考えることは少ない。

▼市場はSaaSをどう見ているか

それでも多くの企業が過度にトップライン重視で経営しているのは、市場やアナリストがSaaSモデルの企業については、利益ではなく売上の対前年成長率を最も重要なベンチマークにしていることが大きいからだと思う。

適正な利益水準を目指すよりも、とにかくアグレッシブにトップラインの成長を維持することが株価の向上につながる。特にアメリカのIT企業は日本企業とは比較にならない報酬をストックオプションで支給するので、会社や経営幹部をはじめとする社員に大きなメリットがあるし採用にもプラスに働く。株価が上昇を描いているうちは。

しかし、売上の対前年成長率があるパーセンテージを切ると、市場は「その業界カテゴリは成熟してきた」とみなし、その瞬間から利益率を厳しく見るようになる。しかし健全な経営をしていなければ、いきなり蛇口を締めるように利益を絞り出すことはできない。こうなるとあらゆることが急速な逆回転を起こして、坂道を転がり落ちるように転落する企業が出てくるはずだ。

第5部

人材・組織・リーダーシップ

第14章 人材と組織

マネジメントとしての骨格を作ったもの

ここまでプロセスを中心に解説してきたが、プロセスを動かすのは人だ。そして、経営とはメンバーを採用し、チームを作り、リーダーシップを発揮してみんなを導いていくこと。世の中には経営に関する理論やベストプラクティスがあふれているにもかかわらず、成功する会社とそうでない会社に分かれるのは、その**「実行」**で差がつくからだ。

私がはじめて「実行」に関心を持ったのは、ラリー・ボシディ、ラム・チャランの『経営は「実行」』という本を読んだのがきっかけだった。それまで、リーダーは細かい日常のことは現場に任せて、長期的な視点でもっと大きなテーマに注力すべきものだと考えていたが、この本を読んで、リーダーこそあらゆることに深く関与し、理解し、実行を文化として組織全体に根付かせていかなければならないということを学んだ。今でもビジネス書で1冊だけ推薦図書を選べと言われれば、迷わずこの本を推奨する。

もう1つ、マネジメントとしての骨格を作るのに大きな影響を与えたのが、ハーバードビジネススクールのエグゼクティブプログラムだ。

アメリカから日本に帰国することが決まった32歳の時、マネジメントも営業も経験がないのに役割を果たせるか不安だった私は、前から興味のあったハーバードビジネススクールのＡＭＰ（Advanced Management Program）というコースに参加してみようと考えた。調べてみると、ＡＭＰは企業のＣＥＯやその一歩手前の人たちが集まるコースだった。これとは別に、これから経営幹部への道を歩む人、事業部のゼネラルマネージャーやカントリーマネージャーになる人を対象にしたＧＭＰ（General Management Program）というコースの存在を知り、会社の承認を得て参加が実現した。

世界中のグローバル企業から集まった幹部候補生との交流はもちろん、教授陣のレベルの高さは特筆すべきものだ。まず、プログラムの前半は徹底的にケーススタディの数をこなし、フレームワークを教えられて、ある状況を説明された時に即座に物事を分解して何が課題かを理解する能力を身に付ける。1か月以上その作業を繰り返すと「ビジネスは簡単だ。こう分析すれば問題点や解決策を整理できる」と思うようになる。ところが、その後に続くケーススタディはそれだけではうまくいかないというものばかり。人間の感情、倫理観、リーダーシップなど、フレームワークだけでは答えが出ないものについて議論を繰り返していく。本書をプロセスの解説だけでなく、人や実行段階におけるチャレンジに焦点を当てようと思ったのは、このハーバードでの経験がもとになっている。

32歳ではじめてマネジメントになって15年。振り返ると営業部門長や社長として様々な成功や失敗の体験をしてきた。これが正解というものはない領域だと思うが、第5部では、人材、組織、リーダーシップについて私なりの考察をまとめる。

ビジョン・ミッション・バリュー

メンバーが1人、2人と増えていけば、考え方や価値観は多様化する。自分が一緒に働きたいと思う人を採用するとはいえ、仕事に対する考え方や人生の目標、価値観も含め、みんなが同じはずはない。そのような環境で、全員の力を結集するために必要なのは**「ビジョン・ミッション・バリュー」**だ。これらの定義については、会社や人によって異なり、議論も起きやすい。あくまでも、私個人の考え方という前提で読んでほしい。

ビジョンは「目標とする場所」。たとえば、マルケトでいえば「将来の売上」や「顧客数」などの定量的な目標に加えて、「マルケトがマーケティングの代名詞となる世界。消費者と企業の関係がより良いものになっていく世界を実現し、マーケターの助けになるプラットフォームを提供する」という定性的な内容も含まれる。ビジョンは中長期を見据えながらも、外部環境の変化や会社の成長に応じて姿を変えていくものだ。

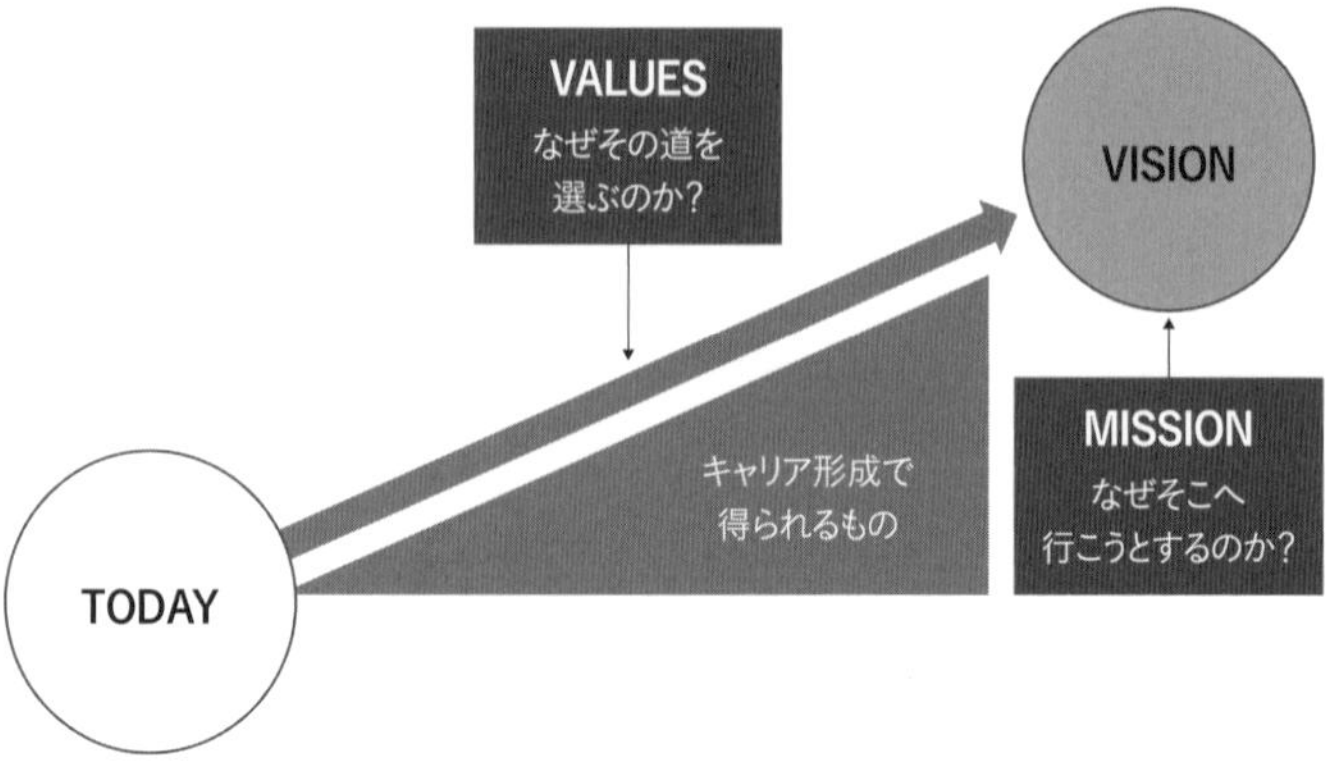

ビジョン・ミッション・バリューの関係

ミッションは「なぜそこへ行こうとするのか」。

人間は誰しも、自分がやることに意義を感じたい。何かに貢献していると実感し、周りの人に認めてもらいたいという気持ちがある。生活に困らないだけのお金をあげるから、リゾートで仕事せずに毎日遊んで暮らせと言われたら躊躇する人のほうが多いのではないだろうか。人によっては平穏な状態よりも、スリリングな緊張感や真剣さを追い求めるかもしれない。スポーツやゲームと同じで、勝ち負けのない徒競走や点数を数えない野球など面白いとは思わないだろう。

自分のやる気が最大限に駆り立てられるのはどういう状況なのか。目指すビジョンが世の中に足跡を残すことであれば、これほどやりがいのある仕事はないだろう。

マルケト日本法人のバリュー

Customer Success（顧客の成功にコミットする）

Raise the bar（自分の限界に挑戦する）

One Team（チームプレーヤーであれ）

Respect（他者へ尊敬の念を持つ）

Confident yet humble（自信にあふれながらも謙虚さを忘れない）

Candid（率直であること）

Willing to change（変化を恐れない）

バリューは行動を決める「価値基準」だ。ビジョンを達成する方法や過程は1つではない。「なぜその道を選ぶのか」を決めるのがバリューである。行動や意思決定を迫られた時に、バリューに合致しているかどうかを考える。この価値観を共有している限りは、行動の自由や権限委譲も認められる。会社の文化やDNAと言い換えてもいい。

2018年の時点でマルケト日本法人では、上の項目をバリューとして社員と共有している。自社でバリューについて議論する時にお勧めなのが、「Customer Success」と「Raise the bar」のどちらが大事かというように、1つひとつの項目を比較して議論する方法だ。

ビジョン・ミッション・バリューにおいて最も

大切なことは、これらの信念と市場へのメッセージ、日常の言動が一貫していなければならないということだ。よく「○○○を通じて豊かな世の中を実現する」といったビジョンを見かけるが、そのような会社でも、明らかに倫理観に欠ける行動が見られたり、売上を上げることしか考えていないのではと疑問を感じることがある。いくら美辞麗句を並べても、実践が伴わなければすぐに顧客や市場は感じ取ってしまう。

逆に、ビジョン・ミッション・バリューの3つが一致していれば、顧客、社員、パートナーとの結びつきは強くなり、それが強固なブランドにつながるだろう。

スティーブ・ジョブズは、2007年の記者会見でこんな質問を受けた。「アップルの価格とデザインは少数のエリートにはアピールするが、マスカスタマーを獲得していくのは難しいと思う。あなたの目標は（ライバルの）PCのマーケットシェアを追い抜くことではないのか」。ジョブズはこう答えた。「アップルの目標は世界で最高のパーソナルコンピュータを作ることだ。そこには譲れない線がある。家族や友人に誇りを持って販売したり、勧めたりできないような製品を出すことは我々にはできない」。

まさに、市場へのメッセージ、信念、行動に一貫性がある最高の例ではないだろうか。

建仁寺での座禅、井の中の蛙

以前、京都の建仁寺で座禅をしたことがある。その時に、お坊さんがこんな話をしてくれた。

「座禅は動いてはいけないものではなく、ゆらゆらと揺れていい。組んだ足と骨盤が木の幹の役割を果たし、上半身は木の枝と葉のようなものである。根幹がしっかりしていれば、上が揺らいでも怖れることはない。」

これを企業の経営に置き換えれば、木の幹が企業の理念や価値観であり、枝葉はその時々の戦術や施策であるということになるだろうか。戦略や戦術も大事だが、その前に社員が価値観を共有することの重要性に気づかされた。

＊　＊　＊

マルケト日本法人のバリューの中には「謙虚さ」がある。謙虚さとは向上心の裏返しでもある。

以前、採用面接で「私が今までやって来たことが本当に通用するのか、自分は井の中の蛙なんじゃないのかと不安になるんです」と言った人がいて、思わず「そう思わない人のことを井の中の蛙と言うんですよ」と話したことがある。

経験に裏打ちされた自信にあふれている人が魅力的なのはもちろんだが、不安な気持ちを奮い立たせて新しいことにチャレンジしようとしている人は、それ以上に魅力的な社員だと言えるのではないだろうか。

組織づくりのベストプラクティス

リーダーは組織の幹をしっかりと固めると同時に、その考え方に賛同してくれる仲間をどんどん増やしていかなければならない。ここでは組織づくりについて私が意識していることを、10のポイントにまとめて紹介する。

■社員が何を大事にしているかを理解する

バリューを共有しても、仕事に対する価値観はまた別の話だ。私自身は「Journey is the reward」という言葉が好きで、ビジョンというゴールを目指す過程で得られる経験こそが、仕事を通じて得られる最高の報酬なのだと思っている。

人が仕事や会社を選ぶ時というのは、次の図に示すようなポイントを基準に検討することが多いと思う。この4つの中のどれか1つだけを重視するという極端な人はまずいなく

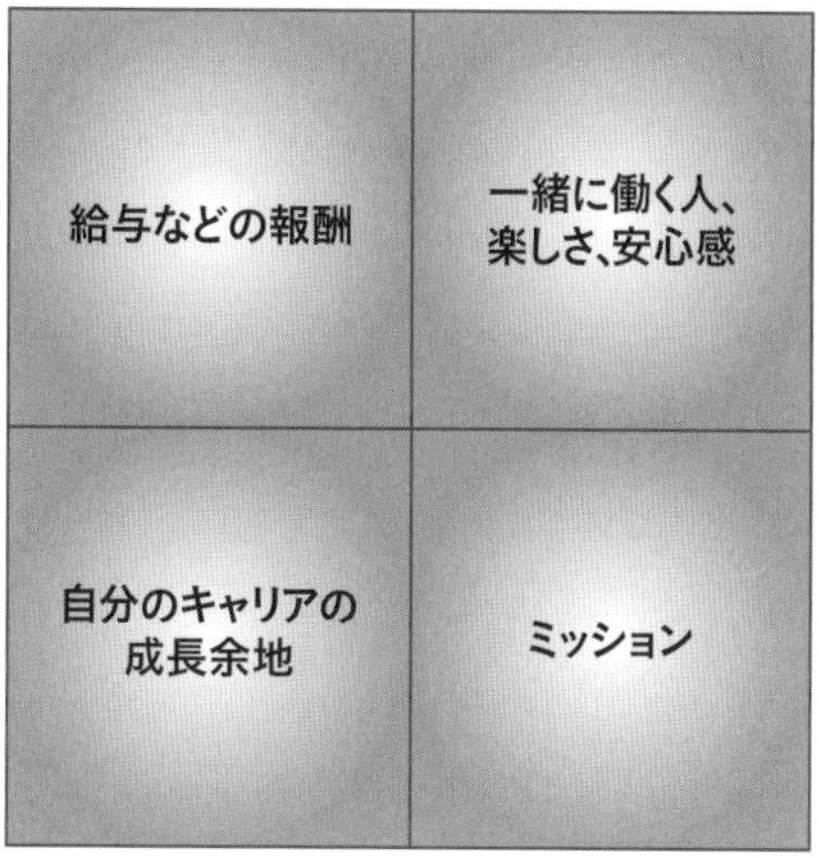

人が仕事や会社を選ぶ時の基準

て、どこかに重心がかかる形になると思う。会社のステージや方向性によって何が得られるかは変わるので、個人が重視する比重と合致するかどうかが長くその会社で働けるかに影響してくる。自分たちの会社がどのような志向を持ち、何を重視する人に来てもらうのがいいのかを整理すると、チームづくり＝採用はうまくいくのではないか。

過去に入社した人たちに聞くと、採用エージェントから「福田さんの面接での質問は決まったものがないので、対策のしようがない」とアドバイスされるそうだが、採用面接では**「この人にとって大事なものは何か」**を知るための質問を心がけている。

新入社員だけでなく、社歴の長い社員も時間と共に考えが変わってくる。そのため人数が増えてくると頻繁にはできなくなるが、極力社員と一対一で向かい合う時間を取るようにしている。現場で何が起きているか生の声を聞くという目的もあるが、その社員がキャリアや将来についてどのように考えているかを理解しておきたいからだ。営業に関わる人たちとは、普段から会話の内容が個別商談の話になりがちなので、面談の前に「この場では商談やフォーキャストについては話さない」と宣言している。

■組織の多様性

採用やチームづくりにおいて「人材の多様性」を意識している方も多いのではないだろうか。私はマルケトに入社して、イチからチームづくりをする時に「以心伝心で仕事できる人は最初の数名は必要だが、過去に一緒に働いた人たちばかり集まっては今までと変わらない。これからは一緒に働いたことがないタイプの人たちをどんどん採用しよう」と考えていた。

最初の数か月の面接ではバックグラウンドにこだわらず、いろいろな人たちと面接をし

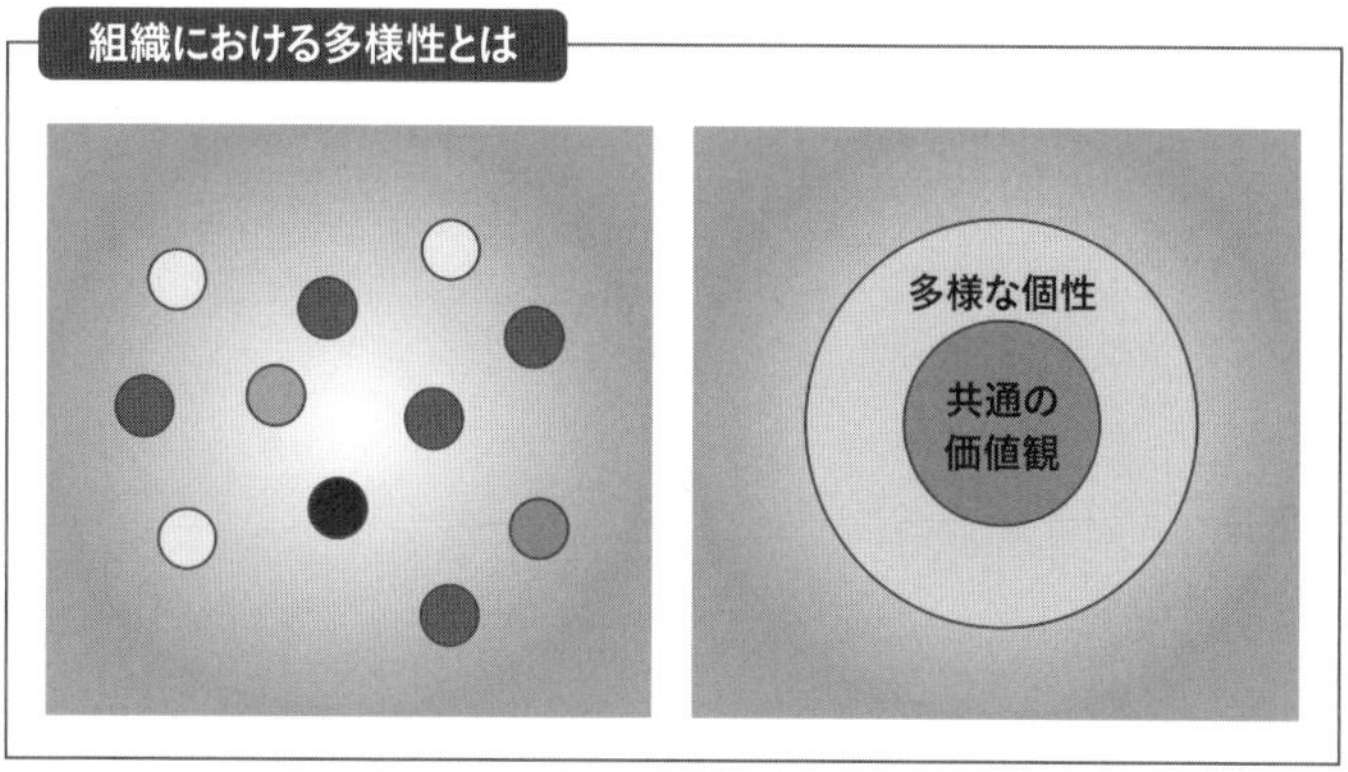

た。マーケティングが自分にとって新しい分野ということもあり、「こんなタイプも採用したほうがいいのだろうか。でも多様性を求めるとしたら、こういうタイプも採用したほうが、組織に活力が出るかもしれない」などと思いつつ、なかなか採用に踏み切れないでいた。アドバイスを仰ごうと、恵比寿のウェスティンホテルのラウンジに佐野さんに足を運んでもらった。

佐野さんの答えは明快だった。「自分が成功するために必要だと思う人を採用すればいい。お前は、どこの会社の出身とかどんなタイプを採用するかを考えるのと、会社が成功するのとどっちが大事なんだ」と一刀両断。思い悩んでいたのが嘘のように、私の気持ちは晴れた。

自分は多様性とか特定の企業出身者は採用しない

ということにこだわっていたが、それは周りからどう見られるかを心配していただけではないのか。佐野さんの言葉を聞いてからは、とにかく自分が一緒に働きたいと思う人を妥協なく採用するのだと腹がくくれた。

様々な発想や考え方を組織に受け入れるという目的で多様性を求めるのは素晴らしいことだ。しかし、それはあくまでも成功するための手段であり、目的となってはいけない。多様性はあったほうがいいし、その価値を否定するものではないが、違いというのは黙っていても自然に出てくるもの。むしろ共通の価値観を持った人たちがいかに集まれるかに焦点を当てるようにすることのほうが大切だ。だからこそ、会社のバリューを共有することが重要なのだ。

■A級のプレーヤーを集めることの意味

A級のプレーヤーを採用すれば、彼らがA級プレーヤーを呼んでくる。B級プレーヤーを採用すれば、その人は自分たちより劣るB級、C級のプレーヤーを呼んでくるとよく言われる。しかし、私は自分自身の経験から、B級プレーヤーがC級プレーヤーを呼び込むというネガティブな話ではなく、A級プレーヤーがなぜA級プレーヤーを呼び込むのかということを強調したい。

A級プレーヤーは素晴らしい人材どうしで働く楽しさ、やりがい、高揚感などを知っている。だからこそ、A級プレーヤーを呼び込んでくれる。一度経験をしたら、二度とこの魅力から離れられないからだ。その時、会社は雪だるま式に大きくなっていく。だからこそ、雪だるまの核となる最初の10名は、その後の会社の将来を決めるといっても過言ではない。

■「自分がやったほうが早い」と考える人は採用しない

A級プレーヤーというのは、能力や経験があるというだけではダメだ。この人に任せれば仕事は確実に遂行されるし、頭もとびきりいいという人を見てきたが、そのような人がチームとして機能しないケースも見てきた。

上司としてそのような人を部下に持つのは短期的には助かるが、いくら個人としての能力が高くても「人に任せるより自分でやったほうが早い」と考える人は、自分1人のキャパシティ以上に成長できない。それどころか周りの人たちをスポイルしてしまい、結局チーム全体としての能力を減じることになる。

反対に、坂道を転がる雪だるまのように、みるみる組織を大きくしていく人たちがいる。この人たちは自分自身が優秀であることはもちろん、一緒に働くメンバーの良いところを見つけたり、つなぎ合わせるのがうまい。そういう人と一緒に働いて一度成功体験が生まれると、それが刺激となって、みんなが同じように人をつなぎ合わせ、組織が大きくなっていく。まさしく「才能をつなぎ合わせるマグネット」のような存在だ。

■ 数年後の組織を想像しながらチームを作る

マルケトに入社した時に、本社の営業部門の責任者から言われたのは「若い営業を早めにどんどん採用して、5～6人になったらマネージャーを採用するといい」というアドバイスだった。しかし、私はこれに逆らって、最初は少数精鋭でやる。若い人のポテンシャル採用ではなく、最初から組織が大きくなった時に本部長をやれるクラスの人を採用すると主張して譲らなかった。

私と同じように会社の立ち上げを経験した人は、「まず売上が増えてから人を増やす。しかし、人がいないと売上も上がらない」という現実を前に悩んだことがあると思う。経験値の高い、マネジメントもやれる人は給与も高い。しかし、経験が浅くて上司のサポートが必要な人材が自分の下に増えていくと、自らがボトルネックとなり、すぐに行き詰まってしまう。

特に市場に参入したばかりの時は、1つひとつの提案書や営業活動がその会社のブランドを作っていく。ここでレビューが追いつかず、質の低いものが外に出ていっては取り返しがつかない。立ち上げだからこそ短期的な業績を追い求めず、中長期の視点を持ち、自分の代わりに社長もできるが、1人のプレーヤーとして活動することを厭わない人材を各部門で採用する。これを実現できたことが、マルケトの立ち上げ推進に大きく貢献したと思う。

■人の結節点としてのマネジメント

組織が大きくなっていく過程で、よく「100人の壁」と言われるが、私は人数の問題よりも物理的に近くにいるかどうかのほうが大きいと思う。たとえ50人でも、フロアやロケーションが分かれていると一体感がなくなり、意思疎通が難しくなる。現場で何が起きているか見えなくなっていく。それを乗り越えられるかは、各マネジメントが「結節点」になれるかにかかっている。

組織は構造としていくつかの部門に分かれているだけでなく、東京オフィス、大阪オフィスのようなエリアごとのグループ、仲のいい社員のグループなど、フォーマル／インフォーマルのサークルが存在する。それらが互いにバラバラで動いていては経営は成り立たないので、異なる円がそれぞれ交わるところに、情報を流通させられる人が必要になる。マネジメントがそのような結節点となれれば、500人、1000人と成長に耐えられる組織ができるのではないか。

■組織の上位にマイナス因子を持ち込まない

私が30代前半の頃、自分の部下としてマネージャーを採用する時に、当時の上司から教えられたことがある。それは「組織の上位にマイナス因子を持ち込むと取り返しがつかない」ということだ。

組織が大きくなっていく過程で、メンバーの能力を引き出す「増幅型リーダー」のような人ばかりがそろうことはない。経験のある人もいれば、これからというポテンシャルに賭けて採用する人もいる。しかし、価値観の合わない人やメンバーを消耗させる「消耗型リーダー」の振る舞いをする人を、絶対に組織の上位に採用しないよう助言された（この2つのリーダーのタイプについては第15章で詳述する）。

組織は、多かれ少なかれピラミッド型である。現場の一担当者であれば悪影響が及ぶ範囲は限られるが、部門や組織のリーダーになると、その下すべてに影響を及ぼしてしまう。

私も基本的にこのルールを意識していたものの、中には「これだけパフォーマンスを出しているし、悪いところには目をつぶって」「信頼している人の紹介だし、大丈夫だろう」と慎重さを欠いて、後悔したことがある。そして、いざ修正しようと思った時には自分の想像以上に悪影響が浸透してしまい、手遅れとなることも知った。ある局面で意見が異なるのは構わないが、根本的な価値観が違うと組織としての一体感は出ない。

■ベテランと若手を組み合わせる

外資系企業で多いパターンだが、早く結果を出したいがために経験者ばかり採用してしまうことがある。しかし、経験のある優秀な人だけを継続的に採用するのは至難の業で長続きはしない。一方、日本のスタートアップ企業にありがちなのは、使えるお金や給与水準の関係もあり、経験のない若い社員を大量に採用することだ。最初は仕事量を人数でカバーできるが、人が増えるにつれてチームをまとめるリーダー職も必要になる。経験の浅い人にリーダーを任せると、組織がガタガタになってしまうリスクが大きい。

組織はベテランの経験値を活かしながら、将来に向けて若手の人材育成をするというコンビネーションができると最高だ。どちらかに偏ることなく、組織全体でバランスを取れると良いだろう。チーム、部門、会社全体とそれぞれの中でベテラン社員と若手のバランスを意識する。

マルケトでは自分が技術部門を担当した経験がなかったので、責任者には思い切ってシニアを採用した。また必ずしもベテランだから上の役職につけなければとこだわることはない。年齢を重ねればエゴもなくなり、自分の経験を役立てたいと思う人が多いからだ。たとえば現役を引退した人に顧問をお願いするというのもその1つだ。その人が持つ人脈を頼るなど直接的な支援だけでなく、世の中の情勢や物の考え方など、広い意味でメンターとして接することができると組織のよりどころとなる。

■仕事のリズムを大事にする

人のアサインや各職種の仕事内容を決める時には、リズムを重視する。1件当たり数千万〜億単位になる大手企業の商談と、数十万〜百万単位の中小企業の商談の両方を1人の営業が担当するのは効率的ではない。インサイドセールスにおいても、インバウンドで入ってきたリードに対してコンタクトする仕事と、イチからコールドコールでアポを取る仕事は一緒にするべきではない。

仕事はリズムを作ることが大事で、同じリズムで仕事をすればするほど「ゾーン」に入りやすくなる。逆にスイッチを入れたり切ったりすることが多くなればなるほど、量はこなせないし、結果的に質も下がっていく。

たとえば、インサイドセールスなら、各自が電話をしたいリードを自由に選ぶのではなく、午前中は新規のウェブ経由のリードにかける。あるいは月に一度、部門で時間を決めて、全員で過去の失注商談へのフォローだけをする日などを決める。新規リードと失注商談では、そもそもの前提知識も違えば、聞く内容も異なる。ランダムではなく、同じ特徴のものをまとめて対応することによって、格段に生産性が高まる。

■マネージャーが持つべきマインド

キャリアの方向性は、専門性を突き詰めていくプロフェッショナル職と、チームを持ち組織を管理するマネジメント職に分かれていく。私自身は20代の頃、プロフェッショナル職を志向していたが、30代ではじめてマネジメントを経験してからは方向性が変わった。

一部の職種を除けば、全般にマネジメントを志向する人のほうが多いだろう。会社によっては経験を積ませるために若い人でもどんどんマネージャーを経験させる場合がある。新卒2年目の社員が入社したばかりの社員を束ねるマネージャーになるというケースもある。

昔、私にマネージャーになりたいと直談判してきたトップ営業がいた。なぜマネージャーになりたいと思ったのかを聞くと「同級生に役職がつき始めているのに、自分だけついていないのはカッコ悪い」という理由だった。若い頃にマネージャーになりたいという人は、そう言わないだけで本音はこれに近いものだろう。

しかし、マネージャーが役職ではなく役割だとすれば、絶対に欠かせないマインドがある。それは、マネージャーになる前は自分自身が成長することに邁進するのに対して、マネージャーになった瞬間からチームのメンバーを成長させることに全力を注がなければならないということだ。

その役割を担うには、単に成果を挙げているだけではなく、精神的に成熟していることも必要だ。中長期的な会社の成功と人材育成を大切にするなら、マネージャーやリーダーを選抜するのにいくら慎重になってもなりすぎることはない。

特に営業のマネージャー選びは失敗しやすい。そもそも営業で実績を上げてきた人はスタープレーヤーで自分がスポットライトを浴びることに慣れている。野球で言えば、ピッチャーみたいなものだ。そういう人がマネージャーになると、自分が部門全体の商談に関与すれば、それだけで受注が増えると考えがちだ。自分が年間1億円売っていたら、チームが5人いれば5億円どころかもっと売れるようになる。訪問に同行し、重要な話をまとめて、細かいフォローは現場に任せておけばいい。

こんな発想でマネージャーになった人は大抵失敗する。しかも1人で1億円売っていた人が、部下が5人いても5千万円しか売れないということになってしまうのが、マネージャーという仕事の難しさだ。

面接の基本は「候補者に興味を持つこと」

採用はテストのように点数化して評価できるものではない。会社と候補者の相性が大切で、ある会社でうまくいく人が他の会社でもそうとは限らない。候補者を評価するのではなく、お互いをよく知ることに集中するのが採用面接である。

しかし新任のマネージャーの面接に同席すると、この原則を理解していない人が多い。つい「自分が評価しているんだ」という上から目線の空気を出してしまう人もいるので要注意だ。

面接経験の浅い人の共通点は、自分が知りたい内容を聞くのではなく、「面接はこういうことを聞かなくてはいけないのではないか」という、面接のための質問をすることだ。

「これまでの経歴や仕事内容について説明してもらえますか」「あなたの強みと弱みは」「なぜうちの会社に関心を持ったのですか」という質問自体は悪いとは言わないが、そこで終わってしまっては何にもならない。経歴や仕事内容について聞くなら、なぜその仕事を選んだのか。自分の希望か上司の指示だったのか。

コンスタントに目標達成していたとしても、８割の人が目標を達成する会社と３割しか達成する人がいない会社では、その意味はまるで違う。他人より成績を残した理由はどこにあると思うのか。テリトリーに恵まれただけかもしれないし、他の人と違う工夫をしていたのかもしれない。強みが目標を達成する意欲だという人は、なぜ目標達成意欲が強くなったのか。子供の頃からか誰かの影響なのか。なぜそれが大事だと思うのか。そのきっかけとなった出来事はあるのか。

などと会話を続けていけば聞きたいことは山ほど出てくる。面接はこういう進め方をしなければならないという先入観にとらわれず、「その人をよく知りたい」という関心を持ちながら対話をしよう。

第15章 リーダーシップ

「増幅型リーダー」と「消耗型リーダー」

マネジメントになってから、理想的なリーダー像を求めて試行錯誤していた時期がある。自分のスタイルを固めるきっかけになったのが、オラクル出身で、独立後は数々の企業でリーダーシップ研修を手がけるリズ・ワイズマンという人の合宿研修だった。2011年にカリフォルニアのハーフムーンベイというリゾート地で1週間缶詰になり、座学の研修とグループワーク、コーチングのセッションを行った。彼女は、当時出版したばかりの書籍の内容に沿って、メンバーの能力を最大限に引き出す**「増幅型リーダー」**とメンバーを消耗させる**「消耗型リーダー」**の行動特性を例に出し、いかに「増幅型リーダー」の組織が成果を出すかという話をしてくれた（彼女の著作は『メンバーの才能を開花させる技法』というタイトルで日本語版がある）。

「増幅型リーダー」は才能のある人たちをつなげるマグネットのような存在であり、「消耗型リーダー」は自らの帝国を構築する。前者は「議論を推進」するが、後者は「自ら意思決定」をする。前者はメンバーに委譲するが、後者はメンバーをマイクロマネジメントする。この話を聞いて、最初は「よくある比較論だな」と思ったのだが、リズ・ワイズマンは参加者に次のように語った。

「しかし、皆さんはすべての要素について、増幅型リーダーになろうとしなくてもいいのです。過去に最高のCEOと言われた経営者を思い浮かべてください。アップルのスティーブ・ジョブズ、GEのジャック・ウェルチなどはすべての要素が増幅型リーダーだと言えるでしょうか。私はこれまで、そういう人には出会ったことがありません。無理に自分を変えようとせずに、自分がどのポイントで増幅型リーダーとしての行動をとれているか、いないかを意識することができればいいのです。」

よくよく考えてみれば、成功した経営者はそれぞれのスタイルがある。教科書通りの型に自らを当てはめようとせず、自分がどの分野で強みを発揮し、どの分野を周りに補ってもらうのかを意識すること。だからこそ、自分が一緒に働くチームづくりが大事なのだ。

現場で起きていることを徹底的に理解する

細かいことまで確認したり、指示を出したりすると「マイクロマネジメント」だと言われてしまうと悩む人がいる。しかし、リーダーが実行力を高めようとすれば、現場で何が起きているかを知ることが大事だ。現場からの報告を鵜呑みにしていては、フィルターがかかった情報しか入ってこなくなる。細かいことまで具体的な指示を出すのと、細部まで関心を持つことは明確に違う。現場で起きていることに好奇心を持ち、どんどん質問をすることによって、今何が起きているかが見えてくる。それを日常的に続けていくこと。そうしなければ変化を感じ取ることはできない。

この**「感じ取る」**ことの重要性を、ブッシュ政権時代にアメリカの国務長官を務めたコリン・パウエルが著書『リーダーを目指す人の心得』の中で説いている。パウエルは、マザーグースから次のような一節を引用した。

釘がないので、蹄鉄が打てない
蹄鉄がないので、馬が走れない
馬が走れないので、騎士が乗れない
騎士が乗れないので、戦いが出来ない
戦いが出来ないので、国が滅びた
全ては蹄鉄の 釘がなかったせい

釘がないという些細なことが発端となって様々な局面に影響を与え、最終的に国が滅びてしまったという話だ。これをオフィスで日々起きていることに置き換えると、パウエルが言いたかったことが感じ取れるだろう。

オフィスに入った時に社員の間で会話があるか、静まりかえっているか。すれ違った時に向こうから挨拶してくるか、なるべく会話しないように避けていないか。会話する時にしっかり目を見て話すか。活気があるか、疲れた表情なのか。会議室に入ってきてどこに座るか。以前は積極的に発言していた人が、いつの間にか端に座るようになり、全員集まるまで待っている時間に誰とも会話せず、1人でメールチェックしているようになれば要注意かもしれない。他の人が意見を述べている時に、熱心に耳を貸す人、顔が反対方向を向いている人。それぞれの報告を待たずとも感じ取れる情報はあふれている。

変化を感じ取るためには何ごとにも好奇心を持って質問をしていくことに加えて、周囲を観察することが大事だ。数字に表れる以外の変化を感じ取ることはとても重要であり、マネジメントという仕事をやる醍醐味でもある。

私はこのことをマネジメントになってはじめての上司に学んだ。彼と仕事をするまでは、営業のマネジメントは「現場の細かいことには関与せず、製品のこともよく知らない。顧客の経営幹部と会話をし、関係構築をする役割だ」と考えていた。しかし、彼はグローバルの営業組織全体を見ているにもかかわらず、誰よりも現場のことを理解していた。マーケティングからインサイドセールス、営業に関わるあらゆる数字がすべて頭に入っている。こちらが触れられたくない細かい点も、ピンポイントで指摘してくる。思わず言い逃れしても、他の質問で矛盾を指摘されて逃げ場がない。数字だけを見て判断するわけではなく、数字から何が起きているかを想像する力に長けている人だった。

私がまだアメリカで働いていた時の話だが、営業の数字がフォーキャストを下回りそうだということがあった。一般的なマネジメントであればマーケティングや営業など、各部門に問題点を報告させるところだが、彼は自らデータを分析し始めた。

・インサイドセールスから営業にパスされる商談の件数は目標を上回っている
・受注件数は目標を下回っている
・営業の受注率が下がっている
・受注率の低下が特定の営業で顕著になっている
・商談初期のフェーズからロストになっているものが顕著に増えている

これらの事実を把握した彼は、何が起きているか予想した。当時は、インサイドセールスから営業にパスした商談見込みのものを営業がフォローして、確かに商談として進められると判断されれば、インサイドセールスの実績となった。だが、商談として進められるかどうかはいくら基準を設定していても主観が入り、デジタルには判断できない。インサイドセールスにとって、商談として認められるかは給与やその後の昇進につながる死活問題だ。しかし、営業が評価されるのは受注金額であり、受注率は関係ない。本来は商談として進められないレベルでも、営業が商談と認めてしまうことが数字を悪化させた原因だった。

　この時は、インサイドセールスの評価項目を商談件数だけではなく、受注金額を加味する変更を加えること、商談化したものの詳細チェックをマネジメントに徹底させることで改善に導いた。

　このような問題点の発見は、数字に強いことはもちろん、現場のオペレーションや評価の仕組みなど詳細を知らなくては気づかないことだ。彼はトップマネジメント自ら現場を把握することの重要性を教えてくれた。

ストレッチゴールを設定する

　人を成長させるのは、常に現状を上回ろうとする向上心だ。リーダーは組織全体の成長のために、自分自身とチームのメンバー双方にストレッチゴールを設定することが求められる。

　ある年、とても厳しいと評判の本社のエグゼクティブが直属の上司になった。最初は戦々恐々としたものだが、実際に働いてみると自分をリスペクトしてくれて、とてもスムーズに仕事ができる関係になった。それまでの私はどちらかというと正確なフォーキャストを伝えることを優先していたが、彼女は常にストレッチすることを要求してきた。

売上のフォーキャストを伝える時は80～90％くらいの確度で達成できそうな数字を伝えるのだが、電話ミーティングのやり取りで、私が内心「うまくいけば50％の確率で達成できるかも」と考えているベストケースの数字をズバリ言い当ててくる。「もちろんそれを目指すけれどリスクがあるから、あくまでもコミットではなくベストケースの数字だと考えてほしい」と伝えると「リスクは自分が理解して上に伝える。あなたにその責任はないから心配しなくていい。とにかくベストケースの数字だけ意識しなさい」と言われた。

リスクは自分が判断するからあなたは気にしなくていいという言葉ももちろんだが、ストレッチした数字をただ1つのゴールとして意識することで、余計な逃げ道を考えずに突き進むことができた。結果、彼女の下で、私は何度も新記録の数字を出すことができた。この経験から、リーダーはチームの能力を最大限に引き出すためのゴール設定が大切だと実感した。

以前に受けた営業トレーニングで学んだ「ロジャー・バニスターの4ミニッツマイル」

の話も印象的だ。ロジャー・バニスターはイギリスの陸上競技の選手。1923年に「空飛ぶフィンランド人」と言われたパーヴォ・ヌルミ選手が1マイル4分10秒4という当時としては驚異的な記録を出し、「もう二度とこの記録は破られないだろう」「1マイル4分を切るのは人間の運動能力では不可能だ」と言われた。しかし31年後の1954年、ロジャー・バニスター選手が3分59秒4という記録を打ち立てた。すると、その46日後にオーストラリアのジョン・ランディ選手が3分58秒0で世界記録を塗り替え、それから1年のうちに37人が、その翌年には300人のランナーが4分の壁を超えたという。

これは限界が自分自身の中にあることを教えてくれるストーリーだ。常に高い目標を持つことで、個人と組織の力を引き上げることができる。

利益と尊敬と少しの恐怖

ナポレオンは「人間を動かす2つのテコがある。それは恐怖と利益である」と言った。私はこの2つに「尊敬」を加えたい。リーダーは「利益と尊敬と、少しの恐怖」

で組織を動かしていくべきで、その潤滑油が「笑い（ユーモア）」だ。

（『野村の流儀』より）

これは、元プロ野球監督の野村克也氏の言葉だ。恐怖と利益だけでマネジメントする組織は、短期的に結果を出したとしても長続きしない。一方で居心地のいい雰囲気を作り、耳障りのいいことばかり言っていても組織は強くならない。「少しの恐怖」という絶妙のバランスが求められると思う。

それまで順調に業績を伸ばしていたが、ある年に急な落ち込みを見せたことがあった。しかも、そんなタイミングで、直属の上司が社外から入社するという。「自分はマネジメント失格の烙印を押されるのではないか」「業績がいい時のことを理解してくれているといいのだが」と、自分がどう評価されるか気になって仕方なかった。ところが彼女はああしろ、こうしろとは一言も言わず「あなたはこれまで成功を収めているし、日本市場のことは私よりもよく知っているはず」とひたすら私の考えに耳を傾けてくれた。

同時に「苦しい時にあわててはいけない。悪い状態を立て直すには時間がかかるから我慢が必要。でもその期間は3か月であって半年ではない」と言ってにっこり微笑んだ。この時にびくびく怯えるプレッシャーではなく、背筋が伸びるような、いい意味のプレッシャーを感じることができた。

自分はリーダーとしてはまだまだだが、常に励ましとプレッシャーのバランスがとれたコミュニケーションを取れるように意識することにしている。

私に影響を与えてくれたリーダー①

佐野　力（元日本オラクル代表取締役社長）

佐野さんには、人生の節目節目でアドバイスをもらい、助けてもらった。私が日本オラクルを辞めてアメリカのセールスフォース・ドットコムに入社する時は、「そんな名も知らない会社に転職するなんて大丈夫か」と妻の両親が心配していたのを知り、「この会社は必ず成長します。康隆君は絶対に成功できます。私が責任を持ちますから、彼に思う存分やらせてあげてください」と電話で説得してくれたことを後で聞いた。

佐野さんに特に影響を受けたのは会社の文化づくりだ。佐野さんは常に日本オラクルという確固たるアイデンティティを持つことを意識されていたように思う。そのためにあらゆる機会を使って自身の考えを社員に伝えていた。

その１つが社内報だ。佐野さんは日本オラクルの社内報で、毎回社長メッセージを執筆していた。印象に残っているのは「良い時こそ苦しかった時のことを思い出そう」というテーマで、「会社が小さい時は色々な人にお世話になって助けてもらったのに大きくなると急に業者を切り捨てたりする人がいる。どんなに忙しくても断る時は相手の立場に立ってきちんと説明し、謝る。悪い話の時は上司を入れてお詫びしてもらう。良い話の時だけ上司が顔を出すなどもってのほか。売ることと同じように正しく購入することが必要だ。会社の強さは営業に表れるが、会社の品格は購買に表れる」という話である。これは自分が社長になった今も、肝に銘じていることの１つだ。

私がマルケトに入社してから紙の社内報を作ることにしたのも、当時のオラクルの取り組みを思い出してのことだ。会社のトップが、社員に直接自分の言葉で考えを伝えることの大切さを学んだ。

また組織が成長する中で、いろいろな課題が出てきた時にいただいた次のアドバイスは今でも頻繁に読み返している。

社員・売り上げが急にふえるという時は、色々なところに、不都合が起こってきます。それは、子育てで、経験することと同じです。急速に成長する子供は、夜中にイタイイタイと叫びます。あわてて、近所の医者に連れてゆくと、夜中に迷惑そうな顔の医者から、こう言われました。今、この子の足に起っていることは、骨の成長が早くて、これを支える筋肉が追い付かずに引っ張られることからくる、成長痛です。

病気ではありません。成長が原因です。優しくなでて、痛いタイ飛んでけーと言ってあげなさい。

社員によっては、特に大きな、余剰人員が多かった組織から来た人は、あれもない、これもないと苦情を社長に告げに来ます。聞いてあげることは必要ですが、社長だって全部、一度に、魔法使いのように、叶えることは出来ません。

これの解決には

(1)問題を理解して、誰がいつまでに、サポート態勢を整えるか、全員で考え、シェアする。しかし今は「我慢する」とはっきり言い切ること。

(2)今は、目標達成のための、過渡期である。我々の目標は、今ここまで来ている。達成したら、こんなに凄いことになるんだよ・・・と夢・希望をまたかと言われても何度も何度も言う。

まず自分が、それを呪文のように朝、晩、鏡の自分に向って言う。そして俺は「成功するぞ」と叫ぶこと。次に、主要なスタッフにそれをあらゆる機会を使って説明・説得する事。

以上、

この(1)(2)は、人に外注はいけません。社長にしか出来ない仕事なのです。人に頼むと必ず失敗します。自分のチカラと幸運を信じて、自分でやって見てください。貴兄には幸運がついています。そして才能も！！

佐野さんとは直属の上司・部下という関係は一度もないが、ビジネスパーソンとしての考え方に最も影響を与えてくれた人だ。

私に影響を与えてくれたリーダー②
マーク・ベニオフ（セールスフォース・ドットコム創業者）

「マーク・ベニオフはどんな人ですか」と聞かれた時には「太陽のような人だ」と答えている。その心は「遠くにいると温かい心地よさを与えてくれるが、近づきすぎるとイカロスのように翼を溶かされて墜落してしまう」。

少し誇張した表現かもしれないが、仕事に関しては身震いするような恐怖やプレッシャーを感じさせると同時に、周りにいる人に強烈なインスピレーションを与えてくれるカリスマCEOだ。忘れられないエピソードは山ほどあるが、私がセールスフォース・ドットコムを退職する際、社員への挨拶としてスピーチした「私がマーク・ベニオフから学んだこと」から、いくつか紹介しよう。

▼相手が誰であろうと恐れず主張する

米国本社から日本に着任し、ビジネスを成長させていた頃、イベントで来日したマーク・ベニオフと２人きりで会う機会があった。その少し前に行われたグローバル全体の電話会議では、「本社で１年間学んだ福田さんが、ベストプラクティスを日本で展開して大成功している」と話してくれるほどパフォーマンスが良い時期だったので、最初は機嫌よく私の話に耳を傾けていた。

しかし、自分のチームは電話だけでなく客先に訪問していると話したところから表情が一変した。「お前のやっていることは本社のやり方ではない。ミニフィールドセールスだ。そのやり方ではダメだ」と一蹴された。電話だけですべてのプロセスを遂行することが正しいやり方だというのだ。ほめられるどころか叱責に合い、その直後は落ち込んだ。

しかし時間が経つにつれて、納得がいかなくなってきた。実際、営業にかかるコスト、商談日数、平均商談金額、1人当たりが受注する月間商談数などあらゆる指標はほぼアメリカと同じ水準だった。ＳＭＢ営業のオペレーションのポイントは、フォローすべき商談に絞り込んで対応し、電話やウェブ会議を活用して徹底的に効率性を高める「Volume × Velocity」のモデルだ。決して、アメリカの形をそのまま日本でまねをすればいいというものではない。

反論したらクビになるかもしれないと思いながらも、きちんと自分の主張を伝えたいと思い、すでに日本を発って、シンガポールに向かった彼にメールを送った。「日本はアメリカと違って、まだ東京中心のビジネス。移動に飛行機や車の移動が要求されるわけではなく、公共交通機関を使えば1件の訪問に1000円もかからない。移動も効率的なので1日に4件アポを入れられる。実際に重要なパフォーマンス指標は、すべてアメリカと同じ水準だ。あなたが求めているものはそのまま形をまねることか、結果を再現することなのか」と。ドキドキする間もなくすぐに返信があった。そこには「I am your fan. You converted me :)」と書いてあった。

自分もマネジメントとしての経験を積むにつれてわかってきたが、役職が上になればなるほど部下は意見を言ってくれなくなる。しかし本当は、どんどん自分の意見をぶつけてほしいし、それに対する議論が起きることを望んでいるものだ。自分が確固たる意見や信念があるなら、臆せずそれをぶつけることの重要性を、このやりとりから学んだ。

▼与えられたテリトリーのCEOという自覚を持つ

次は、逆に業績が今ひとつだった時の面談の話だ。目黒雅叙園での自社イベントの最中に彼の部屋に呼び出された。業績について詰問されるのは目に見えていたので、絞首台に上る心境で部屋に入っていった。

その前年にどんどん営業を採用しろと言われていたにもかかわらず、インバウンドリードの増加ペースに合わせた採用しかしなかったため、翌年は完全なセールスキャパシティ不足に陥ってしまった。「それ見たことか。だからあれだけ言ったのに」から始まり、延々と説教をされた。テーブルに置いてあったどら焼きをおもむろに手に取って3個並べると

「お前は、この3個を5個に増やそうとする時に、ちょこちょこ増やそうとするからダメなんだ。2個増やしたと思ったら1個消えてまた4個になる。その繰り返しでいつまで経っても5個にならない。Hire & Fireじゃダメだ。3個を5個にしたければ、まずどんと10個まで増やせ。そしたら2個くらい減っても8個になる」と言われた。

Hire & Fire、雇ってはクビにするなんて私はしていない。しかしそんな言い訳はとてもできない雰囲気だったので、素直に彼の話に耳を傾けていた。そして「なぜ採用がこんなに遅れてるんだ」と聞かれた時、うっかり口にした「専任のリクルーターがいないので」という答えが火に油を注いでしまった。

「人のせいにするな。それが問題なら、なぜ声を大にして言わなかった？自分が任せられているテリトリーのビジネスについては自分に責任がある。自分をセールスマネージャーと思うな。自分はこのテリトリーを任されたCEOという意識を持て。」

これは深く心に刺さった。この時までは、与えられた仕事を粛々と実行する。自分の任された範囲以外のことに口出ししない。悪く言えばうまくいかなかった時の言い訳を用意するというところが私の心の中にあったと思う。それ以来、担当営業にも「自分のテリトリーのCEOという意識を持とう」と伝えている。そのような視点を持てば役職のレベルがどうであろうと、常に仕事のレベルを高めていけるはずだ。

▼自分がどんな人間か限定しない

私が40歳になったばかりの2012年は、自部門の業績が絶好調で、シニアバイスプレジデントに昇進し、「Executive of the Year」も受賞した。この年の会話は、自分のキャリアの方向性を変えるきっかけになった。

超過密スケジュールを縫って、ホテルオークラで寿司を食べようということになった。席に着くなり無言でiPhoneに集中し、一向にオーダーする気配がない。あまりにも集中しているので声をかけられない。20分くらい待っていると、ようやく彼は口を開いた。「LINEは使ってるか」と言いながら自分のiPhoneの画面を見せてくれた。どうやらLINEの登録をしていたらしい。新しいものは何でも試してみるという姿勢は素晴らしいなと思ったのを覚えている。

その後、ビジネスの状況や見通しについて話した後に「福田さんは5年後の自分のキャリアをどう考えているの？」と聞かれた。とにかくがむしゃらに、目の前に与えられた事業を成長させることしか考えていなかったので、いざキャリアプランを聞かれた時に思わず答えに詰まってしまった。1つだけはっきりしていたのは、自分は表に出るのが好きではなく、裏方や誰かを支える仕事のほうが向いているということだった。私は、「もし将来、日本にCOOの役割やストラテジーを考えるような部署ができるならやりたい」と答えた。

彼は驚いたように「5年後のゴールは社長に設定すべきだ。なぜ社長をやろうと思わない？」と聞いてきた。自分は昔からあまり表に立つのが好きではない。会社のトップというよりは、ある事業を担当するとか、横串でオペレーションを見るとか、参謀的な仕事に憧れる傾向にあった。自分はそういうタイプの人間なんだと思うと説明した。

「誰がそんなタイプだと決めたんだ。自分で勝手に決めつけているだけじゃないのか。自分は表に立つのが苦手と言うが、親がそういうタイプだったからかもしれないし、子供の時の体験がそう思わせているだけかもしれない。あなたはこういうタイプだと他人に刷り込まれたからかもしれない。自分がどんなタイプかなんて決めつけるな。」

このアドバイスはすごく響いた。この時すぐに社長をやりたいと思ったわけではないが、1年後にマルケトから話があった時に「やってみよう」と思ったのは、この会話があったからだ。彼にこう言われなかったら「私は社長向きではないです」とあっさり断っていたと思う。

おわりに

本書は、戦略、プロセス、人材・組織・リーダーシップという観点で、私自身の経験を交えながら、自社にとっての「ザ・モデル」を創るためのヒントを解説してきた。最後に、ビジネスの再現性を高めるうえでどうしても付け加えたい要素がある。それは「テクノロジーの活用」だ。

私はこれまでの20数年間、常にITベンダーとしてERP、CRM、MAなどのソリューションを提供する側にいた。ITツールは、導入すればすぐに効果が出る魔法の杖ではない。しかし「ITはしょせん道具にすぎない」「ツールはどれを選んでも一緒」という意見には賛成できない。もし、その意見が正しいなら、いちばん価格が安い製品が最も高いシェアを得るはずだ。

「しょせん道具にすぎない」という人は、人間がそもそも「ツールビルダー」という生き物だということを忘れているのではないだろうか。

■道具だからこそ選択が重要

スティーブ・ジョブズがマッキントッシュ開発プロジェクトの指揮を執っていた頃、パーソナルコンピュータを「Bicycle for the Mind」と呼んでいた。ある調査で、いろいろな動物が移動する時の運動効率を比較したところ、コンドルが1位で人間は下位だった。ところが、自転車に乗った人間を加えたところ、コンドルをはるかに上回り圧倒的な1位になった。

このことを知ったジョブズは、人間はツールビルダーであり、道具によって人間の能力を何倍にも増幅することができると考えていた。だから、コンピュータを「知性における自転車」と言いたかったのだと思う。

ITはまさしく人間の能力を増幅する、人類が産み出した道具の1つである。だからこそ、自分に合ったものを選ばなければならない。

「ツールはどれを選んでも一緒」という人の多くは、それぞれのツールが持つ可能性の最大公約数しか理解していないために、ツールの持つ良さを活かせないのだと思う。

良い製品には必ず思想や理念がある。本を書く人に「伝えたいこと」があるのと同じように、開発者にも「伝えたいこと」がある。自社に導入する製品やサービスを探す時には、「こういうマーケティングを実現したい」「人のコミュニケーションの仕方をこう変えたい」といった開発者の思いやコンセプトに共感できるか、それが自社の目指す方向性と合っているかが最大のポイントになる。だから、ツールの選択を人任せにしないでほしい。理念にあったITツールを選ぶことができれば、必ずあなたの会社や社員の能力を何倍にも増幅してくれるだろう。

■ITツールの真価は「スケール」にあり

ITツールを活用する最大のメリットは「スケール」できることだ。どれだけ優れたリーダーやコンサルタントがいても、他部門やグローバルへの展開を人間だけでスピーディに実現することは難しいし、その人自身がやがてボトルネックになってしまう。また、ITツールの良さはマーケティングの手法なり、パイプライン管理の手法なり、そのツールを通じてノウハウや考え方を素早く関係者に共有できることにある。ツールそのものが「コミュニケーションチャネル」なのだ。

ITの強みを理解して道具として上手に利用し、ビジネスに活かせる人が一人でも多く生まれることを願っている。

■本書に関わった人たちへ

最後に、この本に関わった人たちに感謝の言葉を述べたい。

書籍化を進めてくれた翔泳社マーケジン編集長の押久保剛氏、取材と編集を担当した同編集部の井浦薫氏には長期間にわたりサポートいただいた。おふたりと本書の方向性を何度も議論できたことで、完成までたどり着けたと思う。

マルケトの社員である石野真吾、千葉修司、鶴原鉄兵、丸井達郎には数多くの意見やフィードバックをもらい、その会話の中で自分の考えを整理することができた。彼らに出会い、共に仕事をする中で、マルケトにとっての「ザ・モデル」を創ることが可能になった。

同じく、マルケトの小関貴志とは10数年一緒に仕事をしてきた。彼こそ日本市場でマーケティングとインサイドセールスという新しいモデルを根付かせた最大の貢献者の1人だ。本書の執筆にあたり、彼のサポートを得られたことは幸運だった。

そして、マルケト広報としての仕事をこなしながら、本書の企画に始まり、出版までのあらゆる調整を一手に引き受けてくれた大槻祥江の助けなくしては、本書を出版することはできなかった。彼女の献身的なサポートと熱意に、感謝の気持ちで一杯だ。

数多くの出会いと学びがあって、この本を完成することができた。これまでの社会人生活でお世話になったすべての方々に、この場を借りてお礼を申し上げる。

2018年12月　福田康隆

参考文献

序文

『日本オラクル伝』吉田育代 著（ソフトバンク パブリッシング）

第1章

『ザ・ゴール』エリヤフ・ゴールドラット 著、三本木 亮 訳（ダイヤモンド社）

第2章

"Selling To VITO" Anthony Parinello, Adams Media
※邦題『トップに売り込む最強交渉術』アンソニー パリネロ 著、櫻井祐子 訳（翔泳社）

第4章

"Anywhere the Eye Can See, It's Likely to See an Ad", The New York Times
※ヤンケロビッチ・パートナーズの調査についての引用
https://www.nytimes.com/2007/01/15/business/media/15everywhere.html

"Death of a (B2B) Salesman", Forrester
https://go.forrester.com/blogs/15-04-14-death_of_a_b2b_salesman/

"Wunderman Study Reveals 79% Of Consumers Only Buy From Brands That Prove They Care About Earning Their Business", Wunderman
https://www.prnewswire.com/news-releases/wunderman-study-reveals-79-of-consumers-only-buy-from-brands-that-prove-they-care-about-earning-their-business-300386618.html

"Maybe You Already Have Enough Data for Analytics: Part III: Marketing Mix Analysis", SiriusDecisions
https://www.siriusdecisions.com/blog/maybe-you-already-have-enough-data-for-analytics-part-iii-marketing-mix-analysis

『平成30年版 情報通信白書』（総務省）

Marketing Technology Landscape Supergraphic (2018): Martech 5000 (actually 6,829)
https://chiefmartec.com/2018/04/marketing-technology-landscape-supergraphic-2018/

第5章

『APA心理学大辞典』G.R. ファンデンボス 監修、繁桝算男、四本裕子 監訳（培風館）
『アイゼンク教授の心理学ハンドブック』マイケル W. アイゼンク 著、
山内光哉 日本語版監修、白樫三四郎、利島 保、鈴木直人、山本 力、岡本祐子、
道又 爾 監訳（ナカニシヤ出版）
『ウィニング 勝利の経営』ジャック・ウェルチ、スージー・ウェルチ 著、斎藤聖美 訳
（日本経済新聞出版社）

第8章

『山本五十六のことば』稲川明雄 著（新潟日報事業社）
『ヤバい統計学』カイザー・ファング著、矢羽野 薫 訳（CCCメディアハウス）

第11章

『新訂 孫子』金谷 治 訳注（岩波書店）

第14章

『経営は「実行」〔改訂新版〕』ラリー・ボシディ、ラム・チャラン、
チャールズ・バーク 著、高遠裕子 訳（日本経済新聞出版社）
"Steve Jobs: We don't ship junk, HD version"（YouTube）
https://www.youtube.com/watch?v=eAo8gnUCWzE

第15章

『メンバーの才能を開花させる技法』リズ・ワイズマン、グレッグ・マキューン、
関 美和 訳（海と月社）
『リーダーを目指す人の心得』コリン・パウエル、トニー・コルツ 著、井口耕二 訳
（飛鳥新社）
『野村の流儀』野村克也 著（ぴあ）

おわりに

"Steve Jobs - Computers Are Bicycles For The Mind"（YouTube）
https://www.youtube.com/watch?v=rTRzYjoZhIY

● MarkeZine BOOKSについて

MarkeZine BOOKS(マーケジン・ブックス)は、マーケティングの専門メディア「MarkeZine」編集部がお届けする、ビジネスパーソンに向けたマーケティング分野の新しい定番書シリーズです。マーケティングの最前線で活躍する第一人者を著者に迎えて、次世代のスタンダードとなるノウハウや知見を紹介します。

MarkeZine BOOKS
https://markezine.jp/mzbooks

●本書の公式ページ&読者特典

本書の公式ページです。本書に関する様々な情報や読者特典も提供する予定です。
https://www.shoeisha.co.jp/book/campaign/the-model

●本書に関するお問い合わせ

正誤表
https://www.shoeisha.co.jp/book/errata

刊行物Q&A
https://www.shoeisha.co.jp/book/qa/

郵便物送付先およびFAX番号
送付先住所　〒160-0006　東京都新宿区舟町5
FAX番号　03-5362-3818
宛先　(株)翔泳社 愛読者サービスセンター

福田康隆 ふくだ・やすたか

1972年生まれ。早稲田大学卒業後、日本オラクルに入社。2001年に米オラクル本社に出向。2004年、米セールスフォース・ドットコムに転職。翌年、同社日本法人に移り、以後9年間にわたり、日本市場における成長を牽引する。専務執行役員兼シニアバイスプレジデントを務めた後、2014年、マルケト入社と同時に代表取締役社長に、2017年10月同社代表取締役社長、アジア太平洋日本地域担当プレジデントに就任。マルケトがアドビ システムズに買収されたことにより、2019年3月、アドビ システムズ専務執行役員 マルケト事業統括に就任。2020年1月より、ジャパン・クラウドのパートナーおよびジャパン・クラウド・コンサルティングの代表取締役社長に就任。ハーバード・ビジネススクール General Management Program修了。

ブックデザイン　小口翔平＋喜來詩織（tobufune）
DTP　BUCH⁺
編集　井浦 薫（翔泳社 MarkeZine編集部）
プロデュース　押久保 剛（翔泳社 MarkeZine編集長）

THE MODEL《ザ・モデル》（MarkeZine BOOKS《マーケジンブックス》）
マーケティング・インサイドセールス・営業・カスタマーサクセスの共業プロセス

2019年 1 月30日　初版第1刷発行
2020年11月10日　初版第10刷発行

著　者　福田康隆《ふくだやすたか》
発行人　佐々木幹夫
発行所　株式会社翔泳社（https://www.shoeisha.co.jp）
印刷・製本　大日本印刷株式会社

ISBN978-4-7981-5816-7　Printed in Japan